ÉVEILLEZ-VOUS, MES ENFANTS !

Entretiens avec
Sri Mata Amritanandamayi

Tome 8

Adaptation et Traduction Anglaise
Swami Amritaswaroupananda

Mata Amritanandamayi Center, San Ramon
Californie, États-Unis

ÉVEILLEZ-VOUS, MES ENFANTS! – Tome 8

Publié par :
Mata Amritanandamayi Center
P.O. Box 613
San Ramon, CA 94583
États-Unis

——————— *Awaken Children, Volume 8 (French)* ———

Première édition par le Centre MA : septembre 2016

En France :
Ferme du Plessis
28 190 Pontgouin
www.ammafrance.org

En Inde :
www.amritapuri.org
inform@amritapuri.org

Ce livre est humblement offert

**aux pieds de lotus de
Sri Mata Amritanandamayi**

la Lumière resplendissante
immanente au cœur de tous les êtres.

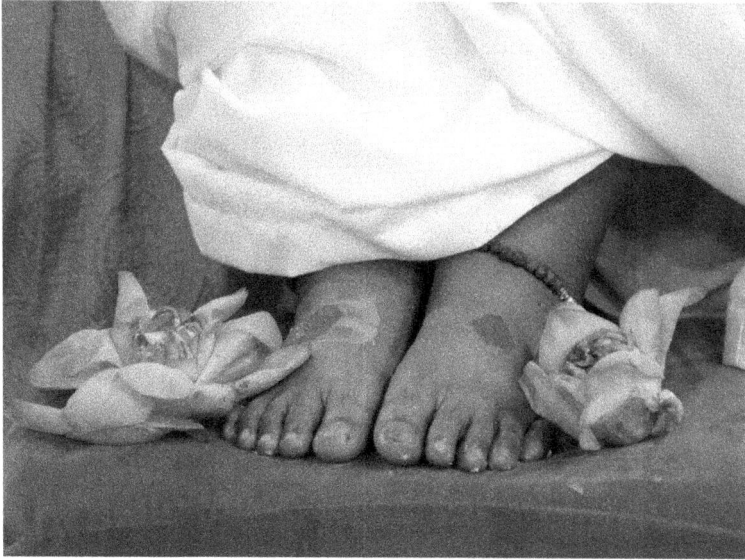

« Mes enfants chéris,
À chaque respiration, puissiez-vous penser à Dieu.
Que chacun de vos pas soit un pas vers Lui.
Que chaque action entreprise soit un acte d'adoration.
Que chaque mot prononcé soit un mantra.
Et chaque fois que vous vous allongez,
Que ce soit une prosternation aux pieds de Dieu. »

—Amma

Table des Matières

Avant-propos

À travers ce livre, le huitième volume *d'Éveillez-vous, Mes enfants !*, c'est la sagesse infinie d'Amma qui nous parvient une fois de plus. Quand un maître parfait comme Amma parle, c'est la pure Conscience qui parle, c'est la voix de Krishna, de Rama, de Bouddha, du Christ et de tous les maîtres passés, présents et futurs. C'est la voix de Dieu Lui-même. En vérité, les paroles d'Amma ne sont pas de simples paroles, car elles sont habitées d'une conscience qui leur est propre. Il est possible d'éprouver l'énergie spirituelle inconditionnelle d'Amma dans chaque mot qu'Elle prononce, si nous faisons de notre lecture une méditation et une contemplation.

En nous parlant ainsi à travers ce livre, notre Mère bien-aimée nous inspire et nous élève spirituellement ; Elle nous donne un avant-goût de la vérité, qui nous aidera finalement à nous fondre dans l'océan indescriptible de *sat-chit-ananda* (Être-Conscience-Béatitude). Par-dessus tout, la présence si enchanteresse et purifiante de ce grand Maître est le terreau le plus fertile pour que fleurisse et s'épanouisse la fleur de notre cœur.

Amma ne mentionne jamais Sa propre grandeur. Mais le phénomène mystérieux qu'Elle représente possède une puissance irrésistible. L'amour divin et la compassion qu'Elle répand sont inimitables. Elle rayonne littéralement la paix et la joie. Son existence est complète et parfaite. Les paroles d'Amma sont des rayons lumineux de vérité, qui nous transmettent le message immortel de la réalité absolue.

Nous pouvons poursuivre indéfiniment notre étude des Écritures, rien ne se produira et nous ne ferons aucun progrès spirituel, tant que nous n'aurons pas trouvé un Maître comme Amma. En restant simplement en Sa présence, nous respirons le parfum divin de *sat-chit-ananda*, qui émane d'Elle en un flot infini ; la présence de Dieu devient tangible pour nous, et sans recevoir d'enseignement, nous apprenons à être notre vrai Soi.

—Swami Amritaswaroupananda
M.A. Math, Amritapouri

La plupart des événements rapportés dans ce livre se sont déroulés au cours de l'année 1986. Toutefois, quelques-uns d'entre eux datent de 1984 et 1985.

Chapitre 1

Les jeux de l'innocence

Amma ressemblait à une magnifique statue bleu sombre. En état de profond *samadhi*, elle se trouvait devant le bâtiment en construction dans l'enceinte de l'Ashram, entourée de la plupart des résidents, auxquels s'était jointe une famille de visiteurs. Tous les regards étaient fixés sur elle. Le soleil brillait, chaud et lumineux. Il semblait scruter la terre pour apercevoir Amma et caresser son corps de ses magnifiques rayons dorés. Tandis que les dévots contemplaient, fascinés, l'expression enchanteresse d'Amma, elle ouvrit les yeux et leur sourit. Quand Amma sourit, les cœurs s'ouvrent et on ne peut s'empêcher de sourire en retour. Son doux sourire a un merveilleux pouvoir de guérison. Sans dire un mot, elle peut exprimer sa divinité par un regard, un sourire ou un contact. Être assis en sa présence revient à faire l'expérience d'une communion directe avec Dieu. Ce lieu sacré, Amritapuri, qui baigne constamment dans la lumière de la présence d'Amma, où l'on peut ressentir un flot sans fin d'amour suprême et la profondeur de la véritable connaissance, évoque les *gurukulas* des anciens *rishis (les gurukulas sont les ermitages des temps védiques où les enfants étaient envoyés étudier pendant douze ans auprès d'un maître)*.

Amma se mit à jouer avec une petite fille âgée de deux ans à peine, venue en visite avec sa famille. La petite tenait une friandise. Amma tendit la main droite et lui dit : « Donnes-en un peu à Amma. » L'enfant la regarda longtemps, avec des yeux étonnés. Elle se détourna soudain et courut vers ses parents avec un petit rire. Amma la suivit, l'attrapa, et la porta jusqu'à l'endroit où elle était assise auparavant. La petite resta calmement assise sur les genoux d'Amma, qui ouvrit alors la bouche, réclamant un peu de sucrerie. Cette fois, l'enfant lui fit un beau sourire et approcha la gourmandise tout près de ses lèvres. Amma s'apprêtait à mordre dans la friandise, quand la petite la retira, descendit de ses genoux et partit de nouveau en courant, ce qui fit beaucoup rire l'assistance. Très amusée, Amma partit en grands éclats de rire. Un des dévots observa : « Elle est comme toi, Amma. » Le dévot faisait allusion au *Krishna Bhava*, quand Amma avait l'habitude de donner du *prasad* aux dévots en jouant avec eux d'une manière qui évoquait les farces de l'enfant Krishna.

La sainte Mère n'était pas prête à abandonner si aisément. Obstinée, elle suivit l'enfant, s'empara d'elle et revint à la même place. Amma elle-même était devenue une enfant innocente. La petite fille, de nouveau assise sur ses genoux, s'amusait beaucoup aussi. Amma ouvrit de nouveau la bouche en demandant à l'enfant de la nourrir. Les parents encourageaient leur fille en lui disant : « *Kunji* (petite), donnes-en un peu à Amma ! Tu l'aimes tant, n'est-ce pas ? »

Contemplant le beau visage d'Amma, l'enfant approcha de nouveau la sucrerie de ses lèvres. Elle s'apprêtait à retirer sa main et à s'enfuir de nouveau, mais cette fois, Amma saisit sa menotte et prit un tout petit bout de la friandise. C'en fut trop pour la petite. Elle se mit à pleurer, exprimant sa colère et sa révolte en jetant la sucrerie sur les genoux d'Amma. Voyant le comportement innocent de l'enfant, celle-ci éclata encore une fois de rire. Le reste de l'assemblée se mit à rire, y compris les parents de l'enfant. La petite fille se mit à pleurer encore plus fort, et protesta avec plus de violence en se jetant par terre et en se roulant sur le sol. Amma la regarda et dit : « Elle a l'impression qu'on se moque d'elle. » Mais elle la releva bientôt pour la consoler et demanda à Gayatri *(Swamini Amritaprana)* d'apporter une autre sucrerie.

L'enfant se réjouit de recevoir une autre friandise, mais réclama aussi la première. Assise sur les genoux d'Amma, une sucrerie dans chaque main, elle s'arrêta de pleurer. Quelqu'un remarqua : « La petite ne veut pas abandonner la première friandise, parce que c'est le *prasad* d'Amma. » Quand l'ambiance fut plus calme, l'enfant regarda de nouveau le visage d'Amma. Soudain, elle approcha les friandises de ses lèvres et les lui offrit de bon cœur. Elle garda ses petites mains dans la même position jusqu'à ce qu'Amma ouvrît la bouche et goûtât un petit morceau de chaque sucrerie. La petite voulait lui en donner plus, mais Amma lui dit affectueusement : « Non, non, ma chérie ! C'est pour toi ! Amma en a eu assez. » Elle l'étreignit et l'embrassa avec amour, puis se mit à chanter *Chilankaketti*, tenant toujours l'enfant sur ses genoux, comme si elle chantait une berceuse...

Chilankaketti

Ô Toi aux yeux de lotus,
Mets Tes bracelets de cheville et viens, viens vite !
Viens en dansant !
En quête de Tes tendres pieds,
Nous sommes venus chanter Ton nom divin.

Ô fils de Devaki, vie de Radha,
Ô Kesava, Hare, Madhava,
Ô vainqueur de la démone Poutana,
Toi qui détruis le péché,
Enfant de Gokoul, viens vite !
Ô petit pâtre, viens en dansant !

Ô vainqueur du tyran Kamsa,
Toi qui as dansé sur le serpent Kaliya
Ô Kesava, Hare, Madhava,
Toi qui es plein de compassion envers ceux

Qui prennent refuge en Toi
Ô incarnation du Aum
Protecteur de ceux qui sont en péril,
Viens vite !
Ô mélodie de béatitude, viens en dansant !

Ô protecteur des Pandavas
Toi qui détruis le péché
Ô Kesava, Hare, Madhava
Protecteur d'Arjouna,
Toi qui détruis l'ignorance,
Ô Kesava, Hare, Madhava
Ô nectar de la Gita
Viens vite !
Ô Béatitude du cœur
Viens en dansant !

La petite fille resta un moment tranquillement assise sur les genoux d'Amma, qui la laissa ensuite retourner vers ses parents. Amma s'allongea sur le sol, la tête sur les genoux de Gayatri. Un des *brahmacharis* lui posa une question.

« La plupart des enfants pleurent à la naissance. Mais, Amma, tu as souri en venant au monde. Y a-t-il une signification à cela ? »

Amma : « Un nouveau-né pleure d'ordinaire, parce que pour lui, le monde est un lieu étrange. Après avoir passé neuf longs mois dans le ventre de sa mère, il se trouve dans un espace nouveau. Tant qu'il était dans le sein maternel, le transit intestinal, la chaleur du système digestif de la mère et le mouvement constant des processus corporels étaient pour lui autant de désagréments. L'enfant souffre ainsi pendant neuf mois et neuf jours avant le passage de la naissance, au cours duquel il est douloureusement comprimé et suffoque. Voilà le nouveau-né encore mal à l'aise, à cause de la pression atmosphérique et de l'environnement étranger.

Pour le bébé, il s'agit d'un monde bizarre et inconnu. Il pleure par pur désespoir.

Mais pour Amma, ce monde n'avait rien d'étranger. Tout lui était parfaitement familier. Et qui n'ignore rien du monde ne peut que sourire. Celui qui perçoit l'univers entier comme un jeu de la Conscience, que pourrait-il faire d'autre ? Quand vous avez le pouvoir, le regard pénétrant qui vous permet de voir la réalité derrière les apparences, vous souriez. Au sein du monde extérieur toujours fluctuant, vous ne voyez que l'immuable. Vous ne voyez pas l'enveloppe de la graine, vous voyez en elle l'arbre potentiel, la réalité, la véritable nature de toute chose. Lorsque vous avez la faculté de voir la vérité, rien ne vous paraît étranger ou inconnu ; l'univers entier vous est familier et vous souriez, non de temps en temps, mais continuellement. Votre vie se transforme en un large sourire. Sans cesse, vous souriez à tout, non seulement dans les moments de bonheur, mais aussi dans le malheur. Vous souriez même à la mort. C'est cela, la spiritualité. C'est un sourire profond et sincère face à toutes les situations de la vie.

Quand les gens sont-ils en proie à la tristesse et au désespoir ? Lorsqu'ils se retrouvent dans des situations qui leur sont étrangères, ne sachant que faire ni où aller ; lorsqu'ils se sentent impuissants et n'ont personne vers qui se tourner ; et lorsqu'ils sont confrontés à l'échec, à une perte, à la maladie et à la mort. En de telles circonstances, ils sombrent, désemparés, dans un état bizarre. Ils sont submergés par le désespoir et pleurent, parce qu'ils ne voient pas de solution ; ils ignorent comment surmonter la situation.

Mais une âme parfaite connaît le mystère de la vie. Elle sait que ce qui se déroule autour d'elle n'est qu'un jeu de la Conscience. Son regard peut voir au-delà du temps et de ses trois aspects, contemplant la réalité. Elle connaît la Vérité qui est l'origine de l'univers, l'existence véritable, la Base du monde manifesté ; elle connaît ce vers quoi tout se dirige et ce dans quoi tout finira par se fondre. Cette connaissance lui permet de sourire de grand cœur à ce qui arrive. C'est l'omniscience qui donne à une âme parfaite la faculté de sourire en toutes circonstances. »

Des yeux qui sourient

« Lorsque vous êtes omniscient, que votre regard porte au-delà du passé, du présent et du futur, vos yeux mêmes, sourient, pas seulement vos lèvres. Regardez le visage de Kali dansant sur la poitrine de Shiva. Malgré son aspect féroce, il y a un sourire dans Ses yeux. Ce sourire est celui de l'omniscience. Les yeux de Krishna souriaient. Tous les grands maîtres ont dans les yeux un sourire inimitable. Lorsque vos yeux ont le pouvoir de pénétrer au-delà de la surface de l'existence, alors ils brillent de joie. Vous voyez la vérité qui se trouve à l'intérieur, et en conséquence vous souriez. L'extérieur, superficiel, est un mensonge. Mais ce trompe-l'œil ne peut plus vous duper, si vous maîtrisez l'art de voir à travers et en tout objet. Votre regard suffit à démasquer le voleur, le menteur extérieur, qui disparaît pour mettre en lumière la vérité. Ce sourire signifie : « Je connais la vérité. » C'est le signe d'une omniscience parfaite. »

La conversation terminée, Amma se laissa soudain tomber à même le sol. Les résidents qui l'entouraient connaissaient ses humeurs étranges et se poussèrent vivement pour ne pas la gêner. Ils savaient qu'en de tels moments, Amma voulait que personne ne la touche et préférait être à même le sol. Allongée, elle regardait fixement le ciel. Elle leva la main droite, exécutant un *mudra*, et proféra à plusieurs reprises des sons étranges, comme si elle s'entretenait avec quelqu'un dans un langage inconnu. Elle était complètement immobile. Au bout de quelques minutes, elle ferma les yeux et son visage s'éclaira d'un magnifique sourire, qui l'illumina d'un éclat extraordinaire. Elle resta ainsi environ dix minutes, puis, répétant son *mantra* habituel : « Shiva, Shiva. », se leva et se dirigea vers le vieux temple, où elle entra. Ayant fermé les portes derrière elle, elle y resta une demi-heure.

Un pinçon et une caresse

La description qu'Amma vient de nous donner d'elle-même et de son omniscience nous indique qu'elle possédait dès la naissance une parfaite conscience de sa nature divine. Comme il est bouleversant d'entendre de sa bouche cette grande vérité !

Lorsqu'Amma affirme qu'un *mahatma* a accès aux trois domaines du temps, cela nous rappelle un incident qui est arrivé à un dévot de Bangalore, lors de sa première rencontre avec elle. Il était venu avec sa femme. Dans la longue queue pour le *darshan*, il avançait lentement vers Amma qui, comme d'habitude recevait ses enfants un par un. Lorsque ce fut son tour, Amma, sans un mot, le pinça rudement. Cela le mit très en colère, au point qu'il bouillonnait de rage. Il y avait une raison à cela. Jeune garçon, il détestait qu'on le pinçât, et protestait avec véhémence lorsque ses parents ou les maîtres se comportaient ainsi. Il se querellait même avec ses professeurs, qui le pinçaient parfois pour le punir un peu de n'avoir pas appris ses leçons. Il leur disait : « Vous pouvez me frapper avec un bâton si vous voulez ou me renvoyer de la salle de classe, mais ne me pincez jamais ! » Ce jour-là, lorsqu'il arriva auprès d'Amma et qu'elle le pinça, cela le mit dans une grande colère. Mais avant qu'il pût protester, elle lui mit la tête sur ses genoux et se mit à lui caresser les cheveux et à les peigner doucement avec les doigts. Il en fut si ému que sa colère s'évanouit et qu'il versa des larmes de félicité. À cela également, il y avait une raison précise. Il avait l'habitude de demander parfois aux enfants de lui peigner les cheveux exactement comme Amma venait de le faire avec ses doigts. Il aimait tant cela que lorsqu'il était au lit, il leur demandait de lui caresser les cheveux de leurs doigts, afin qu'il dorme bien. Comme il aimait cela par-dessus tout, il ne lui fallut pas longtemps pour comprendre qu'Amma était omnisciente. Amma l'ayant pincé avant de lui peigner les cheveux, il eut la révélation soudaine : « Voilà quelqu'un qui sait tout de moi, ce que j'aime et ce que je déteste, et qui lit dans ma vie à livre ouvert. » Il n'en fallut pas plus pour qu'il abandonnât tout aux pieds d'Amma.

Le dévot déclara : « Quand Amma me releva la tête, je contemplai son visage, profondément stupéfait. Elle me sourit et dit : « Tu détestes par-dessus tout être pincé, et tu aimes par-dessus tout qu'on te caresse les cheveux, n'est-ce pas ? » Par ces gestes, elle me donna le sentiment qu'elle disait : « Fils, Amma sait tout de toi. » Je restai bouche bée, stupéfait. Depuis, je ne mis jamais plus en doute son omniscience. »

Chapitre 2

Les relations humaines

Aujourd'hui, avant les *bhajans*, Amma descendit s'asseoir à l'ouest du temple. Elle fut bien vite entourée des résidents et de quelques dévots. Un des chefs de famille, directeur de banque, interrogea Amma au sujet des relations humaines.

Amma : « Une relation authentique ne peut se développer que s'il existe une véritable compréhension entre le mari et la femme, entre des amis ou quiconque est engagé dans une relation quelle qu'elle soit. Il existe dans la vie différentes étapes. Le mariage est l'une d'entre elles, et c'est l'une des plus importantes. Pour vivre une vie pleine et productive, quelqu'un qui vit dans le monde (c'est-à-dire un chef de famille) doit traverser cette étape en manifestant autant d'amour, d'intimité, de sollicitude et de sincérité que possible. La vie conjugale, si elle est vécue avec l'amour et la compréhension appropriés, contribuera à éveiller les qualités féminines chez l'homme et les qualités masculines chez la femme. Cet équilibre peut permettre aux deux d'atteindre le but ultime de la liberté éternelle.

Si le couple fait ce qu'il faut, si chacun fait l'effort de comprendre et de respecter les sentiments de l'autre, ils pourront vivre leur vie dans sa plénitude. Ils doivent être prêts à se pardonner mutuellement leurs fautes et leurs faiblesses. La vie conjugale peut être un champ riche d'enseignements, dans lequel chacun développe des qualités telles que la patience et l'humilité.

C'est plus facile dans la société indienne, où les femmes sont de tempérament plus souple, moins agressif. La patience et l'humilité féminines sont un garde-fou à l'ego de l'homme. Bien que la société moderne change à un rythme rapide, la culture de base de la société indienne est restée inchangée. Mais pour que le mariage soit vécu dans l'équilibre et l'harmonie, les hommes devraient s'efforcer de ne pas se montrer agressifs, arrogants ou orgueilleux envers les femmes, ils ne devraient pas tenter de les dominer. En Inde, les hommes pensent souvent qu'ils ont le droit de contrôler les femmes et qu'une femme ne devrait jamais prendre le pas sur un homme, dans quelque domaine que ce soit. Ceci est de toute évidence une attitude erronée, fondée sur une mauvaise compréhension de la culture transmise par les sages et les prophètes d'autrefois.

La maternité : Le don merveilleux que Dieu a fait aux femmes

« Une femme doit être respectée et ses sentiments pris en considération. Ses qualités maternelles devraient être reconnues et on devrait lui accorder dans la société le statut élevé, égal à celui de l'homme, qu'elle mérite amplement. Le don le plus précieux que Dieu lui a conféré est celui de la maternité, la possibilité de donner naissance et d'élever un enfant avec le soin, l'amour et l'affection qui conviennent, et elle devrait en être consciente. C'est un cadeau extraordinaire, qui n'a été accordé qu'à elle. Donner naissance aux êtres les plus admirables venus sur cette terre, les incarnations divines, les grands chefs, philosophes et scientifiques, quelle bénédiction ! Pourquoi Dieu a-t-il fait aux femmes ce don merveilleux ? C'est qu'elles seules ont la capacité de manifester dans toute leur plénitude et leur beauté des qualités telles que l'amour, la compassion, la sollicitude et la patience. Chaque femme devrait en être consciente et s'efforcer de comprendre la signification de cette bénédiction. Mais elles semblent oublier peu à peu cette vérité, et si elles négligent cette faculté fondamentale et indispensable, notre société se retrouvera sens dessus dessous. Il est donc d'une importance vitale que les femmes reconnaissent en elles ces qualités maternelles.

C'est surtout dans la société occidentale que cela se produit. Au nom de l'égalité, nombre de femmes ont peu de considération pour la bénédiction sans prix qui leur a été accordée. En Occident, contrairement à ce qui se passe en Inde, les femmes sont plus agressives et moins souples. Les femmes occidentales s'efforcent d'égaler les hommes dans tous les domaines, sans se rendre compte qu'elles sacrifient ainsi une part essentielle de leur nature. Il en résulte un chaos et confusion absolus, dans la vie intérieure comme dans la vie extérieure. Amma ne veut pas dire que les femmes ne devraient pas faire les mêmes choses que les hommes ; elles le peuvent et elles le doivent, les femmes étant dotées d'une immense force intérieure ; mais cela ne devrait jamais s'accomplir au détriment de leur être essentiel. Il est destructeur d'aller contre la nature ; cela constitue un danger pour la personne aussi bien que pour l'ensemble de la société.

En Occident, les femmes comme les hommes ont tendance à se montrer agressifs. Mais l'agressivité est une énergie négative. Elle est parfois nécessaire dans la vie, mais pas dans les relations, pas dans la vie conjugale. Lorsque deux pôles sont négatifs, l'énergie qui en résulte est entièrement négative, ce qui engendre dysharmonie et rupture.

Dans la société occidentale, le mari et la femme tentent de se dominer mutuellement ; ils pensent en avoir le droit. Les heurts constants et la rivalité qui s'ensuivent détruisent la beauté de la relation.

L'amour n'est pas agressif, la vie ne l'est pas non plus. La vie est amour. Sans le sentiment d'amour, qui nous permet de ressentir la vraie vie, notre existence devient aride et vide, comme celle d'un robot. La vie et l'amour sont liés ; sans amour, vous ignorez la vie elle-même. »

La vie conjugale

Question : « Amma, pourquoi la vie conjugale est-elle dépourvue d'amour véritable ? Quelle est la cause des conflits et des frictions ? »

Amma : « La compréhension manque sérieusement entre mari et femme. Dans la plupart des cas, ils n'essayent même pas de se comprendre. Pour qu'une relation véritable puisse se développer, une connaissance de base de la nature humaine, de celle des hommes et des femmes, est essentielle. Un homme devrait savoir ce qu'une femme est en réalité, et vice versa. Mais ils vivent au contraire dans deux mondes séparés, qui n'ont entre eux aucune relation. Ils ressemblent à deux îles que rien ne relie, pas même une ligne de bateau régulière.

Les hommes fonctionnent essentiellement à partir de l'intellect, tandis que les femmes ont tendance à être plus émotives. Ils résident dans des lieux différents, situés sur deux lignes parallèles. Il n'y a pas au fond d'eux-mêmes de véritable rencontre. Comment l'amour pourrait-il donc exister entre eux ? Si l'un des deux dit oui, l'autre ne manquera pas de dire non. Vous ne les entendrez jamais dire oui ou non à l'unisson, les deux voix se fondant harmonieusement. Ils doivent comprendre et accepter leur nature différente et chacun, le mari comme la femme, devrait faire un effort conscient pour saisir les sentiments de l'autre, afin d'essayer ensuite de résoudre les problèmes à partir de cette compréhension venant du cœur. Ils ne devraient pas chercher à se dominer mutuellement. Ils ne devraient pas dire : « Je dis oui, tu dois donc aussi dire oui. » Ce genre d'attitude doit être abandonné, car cela n'engendre que la colère et même la haine. Dans une telle relation, l'amour est très superficiel. Si on parvient à construire un pont au-dessus de l'abîme qui sépare l'intellect et les émotions, la douce musique de l'amour jaillira des profondeurs intérieures de chacun des époux. Ce facteur d'union est la spiritualité. Si vous considérez vos ancêtres, vous verrez que les mariages étaient en général plus réussis que ceux de nos contemporains. Il y avait dans leur vie beaucoup plus d'amour et d'harmonie, car ils avaient une meilleure compréhension des principes spirituels et de leurs implications dans la vie quotidienne.

Amma a entendu raconter l'histoire suivante : une femme mariée décida qu'elle voulait un animal domestique, mais son mari s'y opposait. Un jour qu'il était absent, elle se rendit dans une boutique et acheta un singe. Inutile de dire que le mari se mit en colère quand il rentra et découvrit l'animal. Il lui demanda : « Mais que va manger cette créature ? »

« Bien entendu la même nourriture que nous, » répondit-elle.

« Et où l'animal va-t-il dormir ? »

« Mais naturellement dans le même lit que nous, » fut la réponse.

« Mais tu ne crains pas l'odeur ! »

« Non, ne t'inquiète pas, si j'ai pu la supporter pendant vingt ans, je suis sûre que le pauvre animal peut faire de même ! »

La conclusion de l'histoire fut ponctuée par des éclats de rire. Amma reprit : « Il est très rare de trouver une véritable relation d'amour. L'amour qui unit les couples est d'ordinaire très superficiel. Si l'un des deux dit oui, l'autre mettra un point d'honneur à dire non. Mes enfants, apprenez à respecter les sentiments des autres, à écouter les problèmes de l'autre avec amour et sollicitude. Lorsque vous écoutez votre partenaire, il devrait sentir que cela vous intéresse vraiment et que vous aimeriez sincèrement l'aider. Il devrait percevoir votre attention et votre sollicitude, votre respect et votre admiration. Il est nécessaire d'accepter l'autre ouvertement, sans réserve. Certes, il y aura des conflits, des malentendus et des désaccords. Mais vous devriez pouvoir dire ensuite : « Je suis désolé, pardonne-moi. Je ne le pensais pas vraiment. » Ou bien encore : « Je t'aime et je me soucie profondément de toi, ne pense jamais le contraire. Je suis désolé, je n'aurais pas dû dire ce que j'ai dit. Dans ma colère, j'ai perdu mon sang-froid et mon discernement. » Des paroles apaisantes contribueront à guérir les sentiments blessés et à créer entre vous un profond sentiment d'amour, même après une grave querelle. »

Amma s'arrêta et dit : « Balou *mon* (Balou, mon fils. Swami Amritaswaroupananda), chante. » Le *brahmachari* Sri Koumar (Swami Pournamritananda) apporta l'harmonium.

Ils se mirent à chanter *Maunaghanamrita*. Les yeux mi-clos, Amma avait la tête appuyée sur l'épaule de Gayatri et écoutait le *bhajan*. Le radieux sourire de béatitude qui illuminait son visage montrait clairement qu'elle était en extase.

Maunaghanamrita

Demeure du silence infini, paix éternelle et beauté,
Dans laquelle s'est dissous le mental de Gautama Bouddha,
Lumière qui détruit l'esclavage,
Rive de la joie que la pensée ne peut atteindre.

Connaissance qui donne pour toujours
L'équanimité du mental,
Demeure sans commencement ni fin,
Béatitude que l'on éprouve lorsque le mental est apaisé.
Source de Toute-puissance,
Demeure de la conscience infinie.

« Tu es Cela » : le but qu'indique cette parole,
Ce but qui nous donne la béatitude éternelle de l'état non-duel,

C'est ce but que je désire atteindre,
Et pour cela Ta grâce est l'unique moyen.

Le chant terminé, Amma garda la tête sur l'épaule de Gayatri. Lorsqu'elle bougea enfin et se redressa, un des dévots lui dit : « Amma, tu parlais des relations humaines. »
Elle reprit alors.

Reconnaissez et admirez les qualités d'autrui

« Mes enfants, les êtres humains ordinaires ont tous des qualités et des défauts. Efforcez-vous toujours de reconnaître et d'admirer les qualités d'autrui. Lorsque vous parlez de votre partenaire, mettez en lumière ses qualités, ne mentionnez jamais ses points faibles. Quelles que soient vos faiblesses, elles devraient demeurer un secret entre vous. Vous devriez chercher ensemble une solution à vos problèmes, avec une attitude positive, sans vous provoquer ni vous blesser mutuellement par des accusations. Prenez d'abord conscience de vos défauts, parce que c'est le meilleur moyen de les surmonter. N'utilisez jamais les erreurs de votre partenaire comme une arme contre lui. Lorsque vous mettez le doigt sur une faiblesse, faites-le avec amour et dans l'intention de l'extirper de votre vie d'une manière positive. Ce sont des blocages qui vous empêchent de vous exprimer pleinement. Considérez-les comme des obstacles et apprenez à les vaincre.

Un dévot qui administre un hôpital à Bombay a récemment parlé à Amma d'un problème de propreté qui s'est posé dans son établissement. Dans le nord de l'Inde, la plupart des gens ont l'habitude de mâcher du *pan*, une préparation de feuilles de bétel, de noix d'araca et d'autres ingrédients. Ils mâchent cette substance d'un rouge vif, puis sans réfléchir, la recrachent où qu'ils se trouvent. Les quatre coins des ascenseurs de l'hôpital étaient couverts de la salive pourpre des visiteurs. Les administrateurs se réunirent pour essayer de trouver une solution au problème. Ils décidèrent d'installer des miroirs dans les ascenseurs. Dès qu'ils eurent pris cette mesure, les gens cessèrent de salir les ascenseurs. Pourquoi ? Le miroir reflétait leur propre image en train de cracher. En voyant combien cela était laid, il leur était impossible de recommencer et ils arrêtaient.

Essayez ainsi de voir vos propres défauts et vous les éliminerez automatiquement. En examinant vos faiblesses et vos mauvaises habitudes, vous prenez conscience de leur laideur. Vos faiblesses sont tapies dans l'obscurité, mais lorsque vous les regardez, elles sont mises en lumière.

Nos nobles ancêtres nous ont donné de merveilleux exemples sur la manière de reconnaître et de respecter les autres pour leurs qualités.

Un des *Ramayanas* rapporte un épisode mémorable, dans lequel Sri Rama donne un exemple inoubliable d'humilité en reconnaissant le grand sacrifice d'Ourmila, la chaste épouse de Lakshmana. Lorsque Lakshmana, le frère de Sri Rama, suivit ce dernier en exil dans la forêt, Ourmila dut passer quatorze années à Ayodhya, en proie à la terrible souffrance d'être séparée de son époux qu'elle adorait. Rama avait emmené avec Lui Sa divine épouse, Sita. Mais Lakshmana dut laisser Ourmila à Ayodhya. Elle y mena une vie de sacrifice, pensant jour et nuit à son mari. Lorsque Rama fut enfin de retour à Ayodhya, on Le vit un jour se diriger vers la chambre d'Ourmila. Par curiosité, Lakshmana Le suivit et regarda en cachette ce que faisait le Seigneur. Ce qu'il vit le fit fondre en larmes. Ourmila était profondément endormie sur son lit. Sri Rama joignit les paumes en un geste de respect et fit trois fois le tour du lit en marchant, après quoi Il Se prosterna sur le sol à ses pieds, exactement comme le font les dévots dans un temple.

Lorsque Lakshmana demanda à Sri Rama la signification de cet acte, Celui-ci répondit : « Ourmila est digne de l'estime et du respect les plus profonds. Le grand sacrifice qu'elle a accompli mérite notre admiration. Je voulais simplement reconnaître sa valeur, mais sans qu'elle le sache, car si elle avait été éveillée, elle ne M'aurait pas laissé faire. C'est pourquoi Je Me suis rendu auprès d'elle pendant qu'elle dormait. »

Nous devons garder en mémoire et suivre les exemples ainsi donnés par les *mahatmas*. L'amour, la paix et l'harmonie régneront alors dans notre vie, à l'intérieur comme à l'extérieur. Les notes discordantes qui peuvent exister dans une relation et dans la vie conjugale disparaîtront. Les hommes ne devraient jamais se montrer arrogants ni hésiter à reconnaître les qualités d'une femme. Ils sont dans l'erreur totale s'ils pensent : « Après tout, ce n'est qu'une femme. »

Voyez comme les relations d'aujourd'hui sont absurdes. L'amour véritable existe rarement entre époux. Il y a trop de jugement, de peur et de soupçon pour qu'une relation d'amour soit possible. Les rapports sont dénués de toute profondeur, à cause du manque d'amour et de compréhension adéquate.

Récemment, Amma a entendu raconter une histoire drôle qui lui revient à l'esprit. Deux jeunes hommes se rencontrent dans la rue. L'un d'entre eux dit à l'autre : « Veinard ! Tu as une bien jolie petite amie. Dis-moi, que pense-t-elle de toi ? »

« Elle pense que je suis doté d'une grande personnalité, que je suis un chanteur doué et un peintre de talent, » répondit son ami.

« Et toi ? Qu'est-ce qui t'attire en elle ? »

« Le fait qu'elle pense que j'ai une grande personnalité, que je suis un chanteur doué et un peintre de talent. »

Quand les rires furent calmés, Amma réclama un chant. Un des dévots chefs de famille chanta *Amritamayi anandamayi*...

Amritamayianandamayi

Ô Déesse d'ambroisie,
Déesse de la béatitude immortelle,
Ô Déesse d'ambroisie,
Déesse de la béatitude immortelle…

Ô Mère,
Lorsque Tu vois Tes enfants pleurer,
Ton cœur fond de sollicitude.

Ô Mère pleine de compassion
Tu caresses Tes enfants avec amour,
En leur donnant le lait de la tendresse.

Ô Mère au teint d'émeraude,
Viens et demeure dans mon cœur !
Tes pieds de lotus sont le seul refuge
De cette âme malheureuse.

Tu brilles de l'intérieur
Tu es l'œil interne de la vision extérieure ;
Tu es la Mère de Kanna,
La Mère du monde
Et la Déesse de l'univers.

Le signe d'une relation authentique

Le chant terminé, Amma continua d'éclairer ses enfants sur le même sujet.

Question : « Quels sont les signes d'une relation véritable ? »

Amma : « Lorsque deux personnes s'identifient l'une à l'autre, c'est le signe d'une relation véritable. L'intensité de l'amour est à la mesure de l'identification qui existe entre ces êtres. Imaginez que quelqu'un vous demande : « Lequel de vos amis aimez-vous le plus, A, B, ou C ? » Il vous faudra peut-être réfléchir un moment, ou peut-être direz-vous spontanément : « C'est A que je préfère. Il est mon meilleur ami. » Qu'est-ce que cela signifie, lorsque vous dites que vous préférez A ? Cela veut dire que vous vous identifiez plus à lui qu'à B ou à C, n'est-ce pas ? Une relation ou un amour authentique existe en proportion de notre identification à quelqu'un. Mais c'est impossible à mesurer, car il s'agit d'un sentiment profond, qui se développe à l'intérieur. Lorsque cette identification gagne en intensité, elle se manifeste aussi extérieurement. Notre cœur déborde d'amour et s'exprime à travers nos paroles et nos actes. Cette identification culmine dans une ressemblance physique. Cela arrive rarement dans une relation ordinaire. Mais dans une relation spirituelle, cela se produit d'une manière visible et profonde. C'est le cas par exemple pour un disciple qui s'est entièrement abandonné à son maître spirituel et dont le cœur est rempli d'amour et de dévotion envers lui.

C'est exactement ce qui est arrivé aux *gopis* de Vrindavan. En pensant constamment à Krishna, elles devinrent comme Lui. Elles prirent alors l'habitude de se dire : « Amie, regarde-moi. Je suis Krishna. Je marche comme Lui, n'est-ce pas ? Ne vois-tu pas la flûte divine que je tiens et la plume de paon qui orne ma couronne ? »

Amma connaît un couple marié qui a développé cette identification mutuelle. Ils ont l'air de jumeaux. Même leurs voix et leurs mouvements se ressemblent. Amma les connaît depuis longtemps. Ils forment le couple idéal. L'amour, le respect, la compréhension, la patience et la capacité de pardon qu'ils ont l'un pour l'autre sont extraordinaires. Cela peut donc se produire même dans une relation ordinaire, même dans la vie conjugale, à condition d'avoir l'attitude juste.

Dans un amour d'une telle profondeur, même les schémas de pensée sont identiques. Le mari peut par exemple avoir une pensée et ne pas en souffler mot. Cependant, sa femme capte cette pensée. Il pense quelque chose et sa femme l'exprime à voix haute. Ou bien il éprouve le désir de faire une chose et elle exprime soudain le même souhait. C'est dimanche. Il est assis à son bureau essayant de finir un travail urgent. Il se trouve qu'il est très fatigué mais il lui est impossible d'aller faire un somme parce que le travail doit être achevé et posé sur le bureau du patron dès le lendemain. Il lutte pour garder les yeux ouverts et pense : « J'ai besoin d'une tasse de café bien fort. » Mais il ne veut pas demander à sa femme, car il sait qu'elle est occupée à préparer le déjeuner. Ce n'est pas son habitude de boire du café à cette heure de la journée et pourtant, à sa surprise, sa femme entre dans la pièce un moment plus tard et lui tend une tasse de café. Il lui demande : « Mais comment donc as-tu deviné que j'avais besoin de café ? » Elle sourit et répond : « J'ai simplement eu le sentiment que cela te ferait plaisir, c'est tout. » Ce phénomène se produit parfois dans une relation et peut se développer, à condition que le couple soit uni par un sentiment et une compréhension justes. L'identification grandit pour se manifester finalement à travers toutes leurs pensées et leurs actions.

Si cela peut se produire dans une relation normale, le sens de l'unité qui se développe dans la relation entre *guru* et *sishya* est infiniment plus grand.

Gayatri a eu une expérience qui vaut la peine d'être mentionnée. Un jour, Amma travaillait dehors avec les résidents de l'ashram. Lorsqu'elle rentra dans sa chambre, elle avait les mains sales. Comme elle voulait se laver les mains, elle demanda à Gayatri de lui apporter de l'eau et du savon. Mais au lieu de les lui apporter, Gayatri se mit à se laver les mains au robinet de la salle de bains. Lakshmi la vit dans la salle de bains en train de se laver les mains alors qu'Amma attendait l'eau et le savon. Elle dut lui rappeler qu'Amma attendait qu'on lui lave les mains. Aux paroles de Lakshmi, Gayatri retrouva ses esprits. Elle se rendit compte qu'elle lavait ses propres mains au lieu de laver celles d'Amma et elle s'exclama : « Ô mon Dieu, je croyais que je lavais les mains d'Amma ! » Perplexe, elle regarda Amma d'un air coupable. Mais Amma comprit ce qui s'était passé. Cela se produisit à un moment particulier où Gayatri fut capable de s'oublier elle-même. La faculté de faire l'expérience de cette unité, de cette identification totale, est toujours présente en nous.

Une relation véritable n'est possible que si l'on est capable d'abandonner ses idées préconçues et ses préjugés et si l'on cesse d'être possédé par le passé. Votre mental est le passé. Cessez de vous accrocher au passé et vous connaîtrez la liberté et la paix. S'agripper au passé équivaut à vivre dans les ténèbres. Nous désirons tous être dans la lumière. Arrêtez de lutter contre votre passé, de réagir contre lui, et vous serez dans la lumière. Vous pourrez alors voir clairement ce qui se produit en vous. Avec une vision aussi nette, il vous sera possible de construire une relation authentique. »

Tandis qu'Amma parlait, le soleil déclinait lentement à l'horizon pour aller plonger comme chaque soir dans l'océan d'un bleu profond. De même que le soleil travaille sans arrêt et de manière désintéressée à maintenir la vie sur terre, Amma, « soleil spirituel », travaille dur et sans relâche pour inspirer ses enfants par ses paroles profondes, sa présence divine, son étreinte pleine de compassion et ses *bhajans* qui nous transportent. Elle touche les cœurs en exprimant de tout son être son amour incomparable et sa compassion, aidant chacun à s'ouvrir pleinement et à répandre à son tour une beauté et un parfum doux et divins.

Amma se tut et se leva. Les bras tendus vers le ciel, elle s'écria : « Shivane ! » Elle demeura quelque temps dans cette position, les yeux clos, puis se dirigea vers le temple. C'était l'heure des *bhajans* et elle s'apprêtait à ravir ses enfants sur les ailes de son chant extatique et mélodieux. Remplie de béatitude, Amma chanta *Anjana sridhara...*

Anjanasridhara

Ô Sridhara,
Bel enfant au teint sombre,
Je Te salue les mains jointes.
Victoire à Krishna,
Salut à Lui !

Ô Krishna,
Enfant divin ayant pris naissance sur terre,
Protège-moi !

Ô cher Krishna,
Viens je T'en prie
Détruire le chagrin de mon cœur.
Ô petit pâtre,
Krishna aux yeux de lotus
Viens briller dans mon cœur !

Ô Krishna !
Le désir me consume
De voir la beauté de Ta forme chérie et bienfaisante

Ô petit pâtre,
Je T'en prie, viens vite,
Joue de Ta flûte !

Chapitre 3

Le secret de la beauté d'un enfant

La construction du nouveau temple occasionnait un certain désordre sur le terrain de l'ashram. Amma insistait toutefois pour que les briques, le sable et les autres matériaux de construction soient rangés de façon organisée. Lorsqu'elle descendait de sa chambre, elle prenait elle-même l'initiative et commençait à nettoyer, ne considérant aucune tâche comme indigne d'elle. On pouvait la voir porter sur la tête les briques et les paniers de sable. Puis elle attrapait une pelle et remplissait les corbeilles de sable. Lorsqu'elle descendit ce matin, elle demanda aux résidents d'apporter des paniers et des outils, et elle se mit à nettoyer les lieux. En quelques minutes, tous les résidents de l'Ashram étaient rassemblés, prêts à s'atteler à la tâche. Tout en travaillant avec eux, Amma chantait *Entu chevo yedu chevo...*

Entuchevoyeduchevo

Hélas ! Que faire ?
Le fils de Nanda est introuvable.

S'est-Il levé tôt ce matin
Pour aller faire paître les vaches dans la forêt ?
Ou bien – Ô Seigneur ! – S'est-il cassé une jambe
En se battant avec d'autres enfants ?

Ou a-t-Il couru çà et là
Tombant dans un fossé …

Le chant fut repris en chœur par tous les participants. Amma donnait ainsi un exemple parfait de travail accompli comme une adoration. Le nettoyage continua pendant plus d'une heure. Comme la présence d'Amma ajoute charme et beauté à toute situation, une grande joie régnait maintenant parmi tous. Lorsque ce fut terminé, elle s'assit, entourée des résidents et des chefs de famille. Tandis que tout le monde se détendait, un des résidents posa une question. « Les maîtres spirituels du monde entier donnent le petit enfant comme un exemple du stade ultime de perfection. Que possède donc un enfant de si particulier en rapport avec la spiritualité ? »

Amma : « Regardez un enfant. Il ne se soucie ni du passé, ni du futur. Quoi qu'il fasse, il s'y investit totalement. Il est pleinement présent dans ce qu'il entreprend et ne sait rien faire en n'y mettant qu'une partie de lui-même. Les enfants vivent dans l'instant présent, c'est là le secret de leur charme. Personne ne peut vraiment détester un enfant, parce que la laideur de l'ego n'est pas présente en lui.

Un enfant capte l'attention de quiconque ; même la personne la plus froide, à moins qu'elle soit un monstre démoniaque, éprouve un sentiment pour lui. Cette attirance est due à l'innocence enfantine. Si vous vous libérez de l'emprise de l'ego, vous deviendrez vous-même innocent et joueur comme un enfant.

La plupart des êtres humains vivent avec un pied dans le passé, qui est mort, et l'autre dans le futur, qui n'est pas réel. Le futur n'est qu'un rêve dénué de réalité, qui est encore à venir. Vous ne pouvez jamais être certain qu'il se concrétisera. Le futur est incertain, il peut se produire ou ne pas se produire. Pourtant, les humains les plus intelligents ne cessent de se faire du souci et de rêver au futur, ou bien ils broient du noir et pleurent en se remémorant les fossiles morts du passé. Le passé comme le futur devraient disparaître. Alors seulement, vous pourrez vivre l'instant présent, et c'est en lui que vous faites l'expérience de la réalité. Lui seul est réel. Le passé et le futur ne le sont pas.

De même qu'un enfant vit pleinement dans le présent, quand vous aimez, que votre être entier soit présent dans cet amour, sans divisions ni restrictions. N'accomplissez rien avec une partie de vous-même, mais faites-le pleinement, en vivant dans le présent. Ne ruminez pas le passé et ne vous y accrochez pas. Oubliez le passé et cessez de rêver au futur. Exprimez-vous en étant pleinement présent, dans l'instant même. Rien, ni les regrets concernant le passé, ni les inquiétudes au sujet du futur, ne devraient interférer avec le flot de vos sentiments intérieurs. Abandonnez tout et laissez votre être entier s'exprimer dans votre attitude. C'est exactement ce que fait un enfant.

Un enfant n'est pas attaché au passé et ne s'inquiète pas non plus du futur. Quand il dit : « Maman, je t'aime tant ! », c'est vraiment ce qu'il ressent. Par ses baisers, ses regards et ses manières affectueuses, il exprime son être entier. L'enfant ne se rappelle pas la réprimande ou les coups qu'il a reçus hier, il n'est pas non plus fâché parce qu'on ne lui a pas acheté le jouet qu'il désirait tant. Et il ne s'inquiète jamais du lendemain. Il ne s'attache à rien. Un enfant aime et oublie. Il ne fait rien à moitié, mais il est au contraire pleinement présent dans chacune de ses actions. Agir partiellement n'est possible qu'au niveau de l'ego.

Les actions d'un enfant ne sont liées à aucun souvenir. Il vit dans l'instant présent et qu'il éprouve de l'amour ou de la colère, il les exprime pleinement. Mais il les oublie bientôt pour passer au moment suivant. Ce qu'il exprime, colère ou amour, n'est jamais issu de l'attachement. C'est pourquoi même la colère d'un enfant possède une certaine beauté. Elle est absolument naturelle et spontanée, et ce qui s'exprime spontanément, sans que l'ego interfère, possède une beauté et un charme qui lui sont propres. Mais pour être aussi spontané, il faut être innocent. C'est pourquoi même la colère d'un *mahatma* est belle, car celui-ci est parfaitement pur et innocent. Il s'exprime de manière spontanée, directe et parfaitement naturelle. Il ne s'agit pas d'une réaction par rapport au passé. Il se contente d'exister, là, dans l'instant.

La colère d'un adulte est laide. Personne n'aime quelqu'un qui s'emporte. Mais celle d'un enfant est différente. Quand un enfant est en colère, le père, la mère ou une autre personne le prend dans ses bras et l'étreint, lui donne un baiser, fait tout son possible pour le calmer. Tandis que la colère d'un adulte est repoussante et éveille le même sentiment chez les autres, celle d'un enfant suscite l'amour et la sympathie. C'est la présence de l'ego chez l'adulte et son absence chez l'enfant qui font la différence.

On ne s'attache que si l'on a un ego. L'ego engendre un attachement au passé, et aussi longtemps qu'il dure, vous ne pouvez rien exprimer pleinement. Chacune de vos paroles et de vos actions est entachée d'ego. Le passé s'insinue entre vous et ce que vous dites ou faites, pour y élever une barricade. Ce que vous désiriez exprimer doit d'abord franchir la barrière du passé. L'enfant intérieur, l'innocence, sont complètement bloqués.

La croissance et la maturité véritables

Les adultes pensent qu'ils sont adultes et ne devraient plus se comporter comme des enfants, qu'il est honteux de garder les qualités d'un enfant. Mais ce qui a grandi en réalité chez l'adulte est l'ego. Le corps, l'intellect et l'ego se sont peut-être développés, mais le cœur se meurt, et avec lui des qualités aussi essentielles que l'amour et la compassion. Les gens s'imaginent qu'ils ont acquis la maturité d'un adulte. Mais sont-ils vraiment mûrs ? Le corps de l'enfant est devenu adulte, mais la personnalité intérieure ne s'est pas développée.

Si vous continuez à vous accrocher au passé, vous ne pouvez pas considérer que vous avez atteint la véritable maturité. Vous trouverez certes des gens dont l'ego est qualifié de mûr, mais aucun d'entre eux ne l'est vraiment en tant qu'être humain. Une personne dotée d'un ego mûr se comporte comme il faut, selon la bienséance ; cependant, c'est à la lumière de son passé qu'elle parle et agit. Ses paroles et ses actes présents restent enracinés dans les expériences du passé. Elle a commis auparavant de nombreuses erreurs et en a tiré les leçons. Elle fait donc maintenant attention, dans ses actes et dans ses paroles, à ne pas répéter les mêmes fautes, à ne rien dire de stupide, car elle sait que cela pourrait créer des problèmes. Elle choisit soigneusement ses paroles et agit avec circonspection. Cela montre que le passé est encore à l'œuvre en elle, d'une façon subtile, raffinée et puissante. Nous pouvons qualifier cela de maturité, maturité intellectuelle ou maturité de l'ego, mais ce n'est pas une maturité réelle.

Celle-ci se développe lorsque vous lâchez l'ego, cessant de vivre dans le passé. Quand le Soi est autorisé à s'exprimer, sans que l'ego vienne l'entacher ou l'interrompre, une maturité vraie et spontanée s'épanouit. »

Question : « Amma affirme-t-elle que la croissance, la maturité des gens, que l'on considère comme parfaitement réelle, ne l'est pas ? »

Amma : « Mes enfants, cette croissance a sa réalité propre, mais relative. Amma a le sentiment que l'on peut évaluer les choses à deux niveaux : au niveau du monde manifesté et au niveau spirituel, à l'échelle de l'individu et dans une perspective plus élevée, universelle. Ce qui semble vrai dans l'optique du monde est peut-être dépourvu de réalité d'un point de vue spirituel. La croissance, la maturité que les gens tiennent pour réelle, ne l'est pas forcément sur un plan de conscience supérieur. Cela ne signifie pas que cette croissance est inutile ou sans importance. En vérité les êtres humains ordinaires n'admettent comme réel et valide que ce qui est prouvé par les faits. Mais la vérité ultime, la réalité, c'est l'inconnu, que l'on ne découvre que grâce à la foi, à une forte détermination et à des pratiques spirituelles accomplies sans faillir. Le monde et ce qui s'y déroule, lorsqu'on les considère de ce point de vue suprême, n'ont qu'une réalité relative. Prenez par exemple un décès. Pour la famille il s'agit sans nul doute d'une perte importante, qui entraîne un chagrin profond. Mais si vous prenez une autre perspective, il y a des centaines de milliers de gens qui meurent chaque jour. Des centaines de milliers de femmes perdent leur mari, des mères perdent leur enfant, des enfants leurs parents. La mort est le destin de tout ce qui naît - c'est inévitable, inéluctable. Du point de vue universel, le décès d'une personne n'a qu'une réalité relative. C'est un événement majeur et très triste pour la famille ou pour l'individu, mais il n'en est pas ainsi d'un point de vue supérieur, universel.

Il en va de même pour la croissance, la maturité. Elle doit être considérée dans ces deux perspectives. Au niveau de l'individu, la croissance du corps et de l'intellect est réelle et nécessaire à son existence dans le monde. Mais d'un point de vue universel, vous n'accédez à la maturité réelle que quand vous réalisez que vous êtes *purnam* (le Tout) et non une entité isolée, une partie. La croissance extérieure, c'est-à-dire celle du corps, du mental et de l'intellect, a certes sa place. Toutefois, lorsque votre développement reste extérieur, il est incomplet. Du point de vue de la réalité, seule la réalisation du Soi constitue la maturité véritable.

La maturité de l'ego est nécessaire à la croissance de l'individu ; elle bénéficie également dans une certaine mesure à la société. Mais la croissance, la maturité réelle n'advient que quand on transcende l'ego, quand la personnalité croît en totalité. La condition d'une croissance réelle, intégrale, c'est que le Soi s'épanouisse. Votre vision de la vie sera alors transformée, mais pas avant.

L'humilité est le terreau le plus fertile pour que le Soi puisse s'épanouir. Développez votre intellect mais restez toujours humble, votre intellect et votre maturité trouveront alors leur accomplissement.

L'humilité véritable consiste à se prosterner. Ce n'est pas uniquement le corps, mais votre être entier qui doit se prosterner et percevoir que vous n'êtes rien, non seulement devant le Maître ou quelques grandes âmes, mais devant toute la création. Reconnaissez la conscience suprême du Maître qui brille dans et au travers de toute chose.

Grandissez sans laisser détruire votre innocence et en restant humble en toutes circonstances. Votre croissance physique ne devrait pas affecter l'enfant intérieur. Que votre intellect s'aiguise, que votre mental gagne en clarté et en vigueur, mais permettez aux sentiments du cœur de croître en même temps que vos autres facultés. Une telle croissance est parfaite et sans faille dans ses proportions. Elle vous aidera à conserver une attitude saine et intelligente face à la vie, quelles que soient les circonstances. Telle est en vérité la base fondamentale de la vie, qui vous permet d'entretenir une relation aimante et intelligente avec tout et tous. »

Amma, son discours achevé, gardait le silence. Un des dévots chanta alors *Maha Kali jagado dharini*, un *bhajan* en l'honneur de Kali dont il avait composé la musique...

Maha Kali jagadodharini

Ô Grande Kali,
Tu soutiens l'univers
Et Tu le détruis.
Toi qui consoles,
Tu enchantes mon esprit.
Éveille-Toi, je T'en prie,
Et jette un regard à cette âme.

Ô Toi qui apportes le salut,
Dont le cou est orné d'un collier de crânes,
Toi qui protèges les trois mondes
Et qui détruis le mal,
Ô Kali !
Tu enchantes mon esprit
Éveille-Toi, je T'en prie,
Et jette un regard à cette âme.

Brahma, Vishnou et Narada
T'adorent à jamais
Shankara demeure à Tes pieds
Tu es éternellement victorieuse
Et pure de toute vasana.
Tu enchantes mon esprit
Éveille-Toi, je T'en prie,
Et jette un regard à cette âme.

Vers dix-sept heures trente, Amma appela ses enfants sur la plage. Lorsqu'ils arrivèrent, elle était en profond *samadhi*, Gayatri assise à quelques mètres. Les résidents s'installèrent tranquillement autour d'elle pour méditer, mais beaucoup d'entre eux gardaient les yeux ouverts et la regardaient. L'océan bleu sombre s'élevait en vagues gigantesques comme pour embrasser et accueillir Amma. Les vagues semblaient danser en extase en la voyant assise si près d'elles sur le rivage.

Une heure plus tard, Amma se leva et se mit à marcher lentement sur la rive. La nuit tombait et une forte brise venait de la mer. Le sari blanc d'Amma et ses cheveux noirs et bouclés dansaient dans le vent. Les vagues paraissaient se bousculer pour attraper ses pieds sacrés et se prosterner devant eux. Tandis qu'elle marchait au bord de l'océan, quelques vagues eurent la bonne fortune d'étreindre et de caresser ses pieds. Elles se retirèrent ensuite paisiblement pour aller se fondre de nouveau dans la mer. Les autres vagues chantèrent avec force le « *Aum* » sacré en se précipitant vers la rive, comme si elles espéraient avoir le même bonheur.

Dans une profonde extase, Amma chanta *Omkaramengum*, tout en continuant à marcher le long de la rive, accompagnée de ses enfants.

Omkaramengum

Le son Om résonne partout,
Chaque atome lui fait écho.
Avec un mental paisible,
Chantons « Om shakti ».

La tristesse m'envahit et je pleure ;
Amma est maintenant mon seul soutien.
Que Tes belles mains me bénissent
Car j'ai renoncé à tous les plaisirs de ce monde,
Si futiles et si douloureux.
La crainte de la mort a disparu
Le désir de beauté physique s'est envolé.
Je dois sans cesse me rappeler Ta forme,
Qui brille de la lumière de Shiva.

Quand je serai rempli d'une lumière intérieure,
Qui, débordant, viendra briller devant moi,
Quand je serai ivre de dévotion,
Je me perdrai dans la beauté de Ta forme.
La vision de Ta forme est ce à quoi j'aspire,
Tout le charme du monde s'est cristallisé
Pour former cette beauté inégalée.
Ô maintenant, mes larmes coulent...

Le chant terminé, Amma s'arrêta, contemplant l'horizon pendant quelques secondes avant de faire demi-tour et de retourner à l'ashram, suivie de tous les résidents.

Chapitre 4

Oui, Je suis Kali

Encore quelques personnes et le *darshan* serait fini. Amma les reçut et on la retrouva bien vite dans le réfectoire, servant elle-même la nourriture aux dévots. Comme la mère la plus aimante, la plus affectueuse, elle attendit pour partir que tous fussent servis. Au moment de sortir, elle fit soudain demi-tour et s'approcha d'un visiteur. Elle prit une boule de riz qu'il avait mise de côté sur son assiette et la mangea sans dire un mot. L'homme s'immobilisa, comme frappé par la foudre, et contempla le visage d'Amma. Les larmes lui vinrent aux yeux et roulèrent le long de ses joues. Il se jeta bientôt en pleurant aux pieds d'Amma, en s'écriant : « Kali, Kali ! » Amma passa encore quelques minutes dans le réfectoire, lui caressant la tête et le dos avec un sourire radieux et plein de compassion, puis elle rentra dans sa chambre.

Plus tard, le dévot, venu du Bengale, dévoila la raison du comportement en apparence étrange d'Amma et de l'émotion que cela avait soulevé en lui. La veille, à Cochin, un ami lui avait parlé d'Amma. Comme il éprouvait une dévotion ardente envers Kali, il se sentit aussitôt attiré par elle. Son ami avait un travail urgent à accomplir, et il vint donc seul à l'ashram pour une première rencontre. Il se rendit dans la hutte et reçut le *darshan*. Puis, assis dans le réfectoire devant la nourriture qu'Amma venait de servir, il fit une boulette de riz et la mit de côté sur son assiette en prenant la résolution suivante : « Si elle est Kali, ma divinité d'élection, que j'adore depuis si longtemps, elle viendra manger ce riz. » Quand il vit Amma sortir du réfectoire, il éprouva une immense déception. Mais un instant plus tard, elle se trouvait devant lui et avant qu'il comprenne ce qui arrivait, elle prit la boulette de riz qu'il avait gardée pour Kali et la mangea. L'homme dit : « En mangeant ce riz, Amma me déclarait sans ambiguïté : « Oui, Je suis Kali. » Après cet incident, il resta dans un état extatique jusqu'à son départ pour Calcutta le lendemain matin.

Sache que le Soi est sans ego et désintéressé

Ce soir-là, un groupe de résidents vint recevoir le *darshan* d'Amma. Elle était assise avec eux derrière le vieux temple. Lorsqu'elle est entourée de ses enfants, elle est toujours heureuse d'éclaircir les doutes qui peuvent surgir en eux. La soif inextinguible de connaissance des dévots et des *brahmacharis* s'exprime alors sous la forme de questions spontanées. Cette fois, ce fut un professeur de lycée qui posa la question, une femme qui éprouvait depuis longtemps une profonde dévotion envers Amma.

Question : « Amma, l'amour et les actes désintéressés sont considérés comme une voie vers Dieu. Mais comment nous est-il possible d'aimer et d'agir de manière désintéressée, alors que nous sommes remplis de jugements et d'idées préconçues ? Le désintéressement semble plutôt un but à atteindre qu'une pratique possible. Amma, peux-tu nous éclairer à ce sujet ? »

Amma : « Un acte désintéressé émane de l'amour altruiste. Quand le cœur est plein d'amour, il s'exprime dans un acte désintéressé. L'un est un sentiment profond, l'autre une manifestation extérieure. Sans un amour profond et inconditionnel, il est impossible d'accomplir de tels actes.

Au début, nos actions soi-disant altruistes ne le sont pas, car l'amour que nous éprouvons pour nous-mêmes est présent dans tous nos actes et toutes nos paroles. En réalité, cet amour égoïste est au départ le moteur de chacune de nos actions, même si nous les qualifions de désintéressées. L'amour de l'ego, ou de soi-même, est le sentiment qui domine en tout être humain. Pour que naisse un altruisme véritable, ce sentiment doit mourir.

Il faut être vigilant pour empêcher l'ego d'intervenir. Il est beaucoup plus facile d'aimer ce dernier que de se laisser véritablement inspirer par un idéal d'abnégation. Ce que nous considérons comme altruiste est en réalité la plupart du temps égoïste, car c'est l'ego qui est la source de toutes nos actions. C'est lui, et non le Soi, qui est la source de notre prétendu amour et de nos actions. Rien ne peut être désintéressé, à moins de venir directement du cœur, de votre véritable Soi. C'est pourquoi les grands saints et les sages disent qu'il faut connaître le Soi avant de pouvoir aimer et servir les autres de manière altruiste. Sinon, qui sait ? Tout pourrait se résumer au fait que vous aimez votre propre ego, et rien d'autre.

Le désintéressement est le but ultime. Nul ne peut être altruiste à cent pour cent s'il ne se défait pas de ses idées préconçues et de sa tendance à juger. Vous pouvez cependant choisir le désintéressement comme but, comme idéal, et tenter ensuite de l'atteindre grâce aux méthodes adéquates recommandées par les maîtres.

On raconte qu'un vieil homme plantait des manguiers et que son voisin, le voyant faire, vint lui dire : « Crois-tu que tu vivras assez longtemps pour goûter les mangues de ces arbres ? »

« J'en doute fort, » répondit le vieil homme.

« Alors pourquoi perds-tu ton temps ? » interrogea le voisin.

Le vieil homme répondit en souriant : « Toute ma vie, j'ai savouré les mangues produites par des arbres que d'autres avaient plantés. J'exprime ainsi ma gratitude envers ces bienfaiteurs. »

L'altruisme peut devenir le moteur de toutes vos actions. Apprenez à être reconnaissant envers tous, envers l'ensemble de la création, y compris vos ennemis, ceux qui vous insultent et se mettent en colère contre vous, car tous vous aident à croître. Ce sont des miroirs, des reflets de votre propre mental. Si vous savez les déchiffrer et les interpréter correctement, vous pouvez vous libérer du mental et de ses faiblesses.

Si votre but est l'amour et le désintéressement, il vous faut être attentif. Observez sans cesse votre mental, car il ne vous laissera jamais agir de manière désintéressée. Le mental ne veut pas que vous soyez altruiste, son seul but est de vous diriger sur la voie de l'égoïsme, car le mental est égoïste. Tant que vous restez identifié au mental, vous ne pouvez qu'être égoïste. Pour devenir désintéressé, il faut se libérer du mental.

Observez le mental

Question : « Comment est-il donc possible de sortir du mental ? »

Amma : « En demeurant sans cesse attentif et en éveil. Un homme avait l'habitude de venir à l'ashram. Il critiquait tout un chacun et passait des heures à se plaindre d'autrui, sans jamais dire une bonne parole à propos de ses frères. Amma finit par lui dire : « Fils, tu ne devrais pas médire ainsi d'autrui. Chacun a des faiblesses mais aussi des qualités. Efforce-toi de voir le bien en chacun. C'est le meilleur moyen de devenir bon en actes et en paroles. » Il se tint ensuite tranquille un moment. Mais un jour, alors qu'Amma lui parlait, il déclara : « Amma, sais-tu que M. D déclare que M. S est un être très égoïste et méchant ? »

D'une manière ou d'une autre, le mental continuera à vous tromper. Quand Amma dit à cet homme qu'il ne devrait pas critiquer autrui, il ne put répondre non, à cause de son respect pour elle. Il accepta le conseil extérieurement. Mais au fond de lui-même, il le rejeta. Cette tendance était si profondément enracinée en lui que son mental ne put accepter la nécessité d'un changement. Voyez comme le mental est rusé et malin ! Son mental refusa d'accepter l'avis d'Amma, mais souhaitait en imposer aux autres par une comédie. Il continua à jouer ses mauvais tours, avec quelques modifications et variantes : « Cet homme dit que cet autre n'est pas bon. » Observez la manière dont le mental opère ! Soyez donc vigilants. Ne le laissez pas vous duper. Depuis des temps immémoriaux, vie après vie, il s'est joué de vous et vous a bernés. Commencez par comprendre qu'il s'agit d'un trompeur, d'un menteur habile qui vous empêche de percevoir votre véritable nature, le Soi. En restant sans cesse vigilant, vous l'empêcherez de mentir. Vous devriez être assez attentif pour l'apercevoir immédiatement s'il essaie de se faufiler par la porte de derrière. Rien ne devrait se produire sans que vous en soyez conscient. Pas une seule pensée, pas un souffle ne devrait échapper à votre vigilance. Lorsque vous êtes capable de rester en éveil, observez attentivement le mental. Il disparaîtra alors et avec lui les pièges du passé.

Le désintéressement est spontané

L'altruisme est un état de totale spontanéité, auquel vous accédez lorsque vous êtes établi dans le Soi.

La grande épopée du *Srimad Bhagavatam* raconte l'histoire d'un saint nommé Samika. Cette histoire vous donnera une idée du caractère spontané du désintéressement. Le roi Parikshit, le grand-père d'Arjouna, sortit pour une partie de chasse. L'expédition s'avéra longue et fatigante, et le roi se trouva finalement en proie à une soif dévorante. Il partit lui-même en quête d'un endroit où il pourrait trouver un peu d'eau. Il arriva enfin à l'ermitage de Samika. Assoiffé, épuisé, le roi réclama de l'eau. Mais le saint était en profond *samadhi* et n'avait aucune conscience du monde qui l'entourait. Voyant que Samika ne répondait pas à sa requête, le roi entra en furie. Il ressentit cette attitude comme une grave insulte, perdit tout discernement, saisit un serpent mort du bout de son arc et le mit autour du cou de Samika ; puis il quitta les lieux. Mais quelques amis du fils de Samika, Sringi, alors âgé de huit ans, furent témoins de l'acte du roi. Ils le racontèrent à Sringi, qui jouait dans un champ tout proche. La rage s'empara du garçon, qui proféra une malédiction : « Quelle que soit la personne qui a osé agir de manière aussi méchante envers mon père, si saint et si pur, elle sera mordue dans sept jours par le terrible serpent Takshaka et trouvera ainsi la mort. »

Rappelez-vous que ce garçon n'avait que huit ans lorsqu'il prononça la malédiction. Ce qui montre l'immense pouvoir que possédaient, par leur volonté, les enfants élevés dans les *gurukulas* d'autrefois. Ce pouvoir était le pouvoir du *dharma*. Quand le sage sortit de son *samadhi*, il fut stupéfait d'apprendre la malédiction proférée contre le roi. Il se mit aussitôt à genoux et pria : « Ô Seigneur ! Mon petit garçon, dans son ignorance, a commis la faute impardonnable de maudire un monarque grand et juste. Je T'en prie, annule l'effet de la malédiction et sauve le roi de la mort. »

Il appela son fils et l'envoya au palais informer le souverain de la malédiction et lui demander de prendre toutes les précautions nécessaires pour empêcher qu'elle s'accomplisse.

Elle ne pouvait toutefois être rattrapée, mais le roi Parikshit n'en retira que du bien. Cela lui permit en effet de rencontrer le grand sage Suka, qui lui raconta les histoires du *Bhagavatam* ; il atteignit ainsi *moksha*, la libération.

Cette histoire montre à quel point Samika était désintéressé et capable de pardon. Le manque de discernement du roi ne l'affecta en rien. Il n'eut pas le sentiment d'une insulte ni d'un mauvais traitement. Lorsqu'il apprit l'incident du serpent mort, il dit à son fils : « Tu as maudit le roi sans connaître la vérité. Il avait soif et il était épuisé. Dans son désespoir, il ne pensait qu'à boire et voyant qu'on ne lui apportait pas d'eau, il a perdu son sang-froid et m'a mis le serpent mort autour du cou. En outre, il est le souverain. Bien que nous vivions dans cette forêt isolée, nous sommes aussi ses sujets. Il nous protège ; c'est grâce à lui que nous vivons ici en sécurité et sans être dérangés. Ce monarque éprouve en outre une grande dévotion envers le Seigneur. En le maudissant, tu perds la grâce de Dieu. »

Seul le cœur d'une âme désintéressée peut exprimer le pardon d'une manière aussi belle et aussi spontanée. Une fois que vous êtes établi dans le Soi, vous n'avez plus d'ego et votre altruisme est spontané. »

Amma entra soudain en *bhava samadhi*. Un sourire radieux illuminait son visage. Sa main droite formait un *mudra* : l'index et le petit doigt tendus, les autres doigts repliés. Inspirés par son extase divine, les *brahmacharis* chantèrent *Kurirul pole...*

Kurirul pole

Qui est-Elle donc
Cette forme terrible,
Aussi noire que la nuit la plus obscure ?

Qui donc exécute
Cette danse sauvage
Sur ce champ de bataille plein de sang,
Comme un bouquet de fleurs bleues
Tourbillonnant sur un lac cramoisi ?

Qui est-Elle donc
Avec trois yeux lançant des éclairs
Comme des boules de feu ?

Qui est-Elle donc
Parée d'épaisses boucles noires
Qui tombent comme les noirs nuages de pluie ?
Pourquoi les trois mondes tremblent-ils
Lorsque Ses pas frappent le sol ?

*Ô cette forme resplendissante
Est la bien-aimée de Shiva,
Celle qui porte le trident.*

Après le chant, Amma sortit de son extase. L'enseignante, curieuse d'en savoir plus sur l'altruisme, demanda des explications supplémentaires.

Amma : « Avant la réalisation, quelles que soient les actions que tu accomplis sous le nom de service désintéressé, elles seront entachées d'égoïsme car tout passe par le mental. Seuls les actes émanant directement du Soi et du cœur sont réellement désintéressés. Mais ne t'inquiète pas, si tu es déterminée et cultives l'attitude juste, tu finiras par devenir désintéressée.

Continue à agir dans le monde avec une attitude altruiste. Il te faudra au début faire un effort délibéré pour rester centrée sur ton but. Ton effort conscient deviendra peu à peu naturel et te conduira au stade du désintéressement parfait. Celui-ci deviendra alors spontané. Mais pour l'instant, tu dois rester vigilante. Dès que le mental intervient, il te faut le remarquer. Reconnais-le pour ce qu'il est : un obstacle, ton principal ennemi sur la voie spirituelle. Sache que c'est un menteur. Ignore le mental bruyant et son bavardage.

Un étudiant en médecine n'est pas docteur. Il lui faut des années d'études intenses et de préparation pour devenir un bon médecin. Mais pendant son internat, nous lui donnons peut-être le titre de docteur, bien qu'il n'ait pas encore soutenu sa thèse. Pourquoi ? C'est le but auquel il parviendra à la fin de ses études. Chacun de ses actes l'y prépare. Son but est de devenir médecin ; il ne l'oublie pas un instant et y consacre tous ses efforts. Il s'abstient de toute action ou de toute situation qui pourrait y faire obstacle. De même, notre but est le désintéressement, mais nous n'y sommes pas encore parvenus. Nous faisons notre devoir et agissons en ayant cet état d'être comme objectif. Même si nos actions, aujourd'hui, ne sont pas altruistes, nous les qualifions de telles, comme nous appelons l'interne « docteur ». Mais nous sommes en période d'apprentissage et il nous reste encore un long chemin à parcourir avant d'atteindre notre but. Consacrons-nous entièrement à lui, évitons toute pensée inutile et lorsque nous agissons, ne nous attachons pas à l'action ou à ses fruits. L'action est accomplie maintenant, à cet instant. C'est le présent, et le fruit est le futur. Apprenez à agir sans attachement et ignorez le fruit du futur. Cette attitude purifiera le mental de toute négativité et de toute impureté. Elle vous élèvera peu à peu vers la dévotion et l'amour purs, pour vous mener encore au-delà, au stade ultime de la connaissance suprême.

« Avons-nous la capacité, nous autres êtres humains, d'atteindre le niveau de l'amour pur et du désintéressement ? » demanderez-vous peut-être. Mes enfants, la vérité, c'est que seuls les humains ont la possibilité d'y accéder. Mais tout dépend de nos pensées et de nos actes. Le monde nous appartient. Nous sommes libres d'en faire un paradis ou un enfer. Rien, dans la nature, ne se transforme. L'homme seul a le pouvoir de choisir, et s'il choisit le mauvais chemin, tout ira de travers. Il se prépare une couche d'épines vénéneuses ou bien un lit de fleurs au parfum divin, à son gré. Malheureusement, nous assistons dans le monde entier à la préparation rapide de son lit de mort. Consciemment ou non, les gens s'éloignent de la vraie vie et se rapprochent de la mort. L'immortalité est là, à leur portée, mais ils ne s'en soucient pas.

En vérité, la mort ne nous est pas naturelle. Elle l'est pour le corps, mais non pour le Soi, qui est notre être véritable. C'est la vie, le principe de vie, qui est naturel. Le chagrin constitue lui aussi une anomalie, tandis que la joie est notre état normal. L'être humain semble cependant beaucoup plus désireux d'étreindre à la fois la mort et la douleur. Il ne sait plus sourire. C'est la joie de l'*atman* qui vous permet de sourire vraiment. À présent il y a peu de joie en nous, car notre cœur est rempli de chagrin et cela se reflète dans chacune de nos paroles, de nos pensées et de nos actions. Comment avons-nous déchu de l'immortalité ? Mes enfants, le doute et la peur nous ont arrachés à la vraie joie et à l'immortalité. Il nous est possible de retrouver cette joie perdue et oubliée si nous nous efforçons d'être altruistes. En cultivant l'amour et les actes désintéressés, nous pouvons redécouvrir l'immortalité, notre véritable nature.

Nous n'avons besoin d'aucun entraînement spécial pour nous conduire égoïstement, car c'est la tendance prédominante des humains. Alors que la nature entière, les oiseaux, les animaux, les montagnes, les rivières, les arbres, le soleil, la lune et les étoiles, donnent l'exemple du service désintéressé, l'être humain est le seul à agir par égoïsme et par avidité. Identifié à l'ego, il a fait de l'existence une entreprise bon marché. La vie a perdu à ses yeux son caractère sacré pour devenir un commerce égoïste. La vie, l'univers entier, est un jeu de la conscience divine, mais l'homme l'a transformé en un jeu de l'ego.

Le mental négatif

L'être humain n'a nul besoin de leçons pour être égoïste, car il l'est déjà, sauf dans le sommeil profond. Même ses rêves le sont, car ce sont des projections du mental égoïste. Celui-ci étant par nature négatif, la plupart des rêves le sont également. Le rêve est une projection du passé. Le progrès spirituel implique la disparition du passé.

Le *Mahabharata* rapporte un bel incident au cours duquel Karna décrit la nature négative et instable du mental. Karna était révéré de tous pour sa gentillesse et sa grande générosité. Un jour, il se préparait à prendre son bain et appliquait de l'huile sur ses cheveux, quand Sri Krishna arriva et lui demanda en cadeau la coupe ornée de pierres précieuses qui contenait l'huile. Krishna mettait Karna à l'épreuve, celui-ci ayant la réputation de donner un objet dès qu'on le lui demandait. Il ne laissait jamais passer une chance de donner. Quand Krishna exprima Sa requête, Karna fut un peu surpris. Il dit : « Ô Seigneur, comme il est étrange que Tu désires une chose aussi insignifiante. Mais qui suis-je pour en juger ? La voici, prends-la. « Sa main droite étant pleine d'huile, il remit l'objet à Krishna de la main gauche. Mais Krishna le réprimanda, car en Inde il est considéré comme très impoli d'offrir quoi que ce soit de la main gauche.

« Pardonne-moi, Seigneur, dit Karna. Comme Tu peux le voir, ma main droite est pleine d'huile et je crains, si je la lave, que mon mental, ce fripon, n'en profite pour changer d'avis et ne veuille plus Te donner cette coupe. Mon mental instable me priverait ainsi de la chance providentielle de T'offrir quelque chose. C'est pourquoi j'ai agi sans perdre une seconde. Je T'en prie, pardonne-moi. »

Mes enfants, c'est là une excellente description du mental.

Amma ne vous invite pas à vous abstenir de toute action ou bien à ne plus exprimer aucun amour jusqu'à ce que vous ayez atteint l'état de perfection. Persévérez dans votre effort sincère d'aimer et d'agir de façon désintéressée. Mais Amma veut que vous soyez conscients de la subtilité de l'ego. Si vous ne faites pas preuve d'une vigilance et d'une attention sans faille, il vous dupera en se faufilant par la porte de derrière.

Mes enfants, vous ne pouvez aider personne sans en bénéficier vous-même, vous ne pouvez nuire à personne sans vous faire du mal. Écoutez cette histoire que l'on a récemment racontée à Amma.

Un homme rencontre dans la rue un de ses amis. Remarquant que celui-ci rouspète, il lui demande : « Que t'arrive-t-il ? Pourquoi es-tu si agité ? »

53

Celui-ci répond : « C'est cet idiot de chauffeur de taxi au carrefour. Chaque fois que je le croise, il me donne une tape dans le dos. J'ai décidé de lui montrer un peu de quel bois je me chauffe ! »

Son ami le met en garde en disant : « Ne va pas t'attirer des ennuis. »

Mais le grincheux insiste : « C'en est trop ! Je dois lui donner une leçon ! »

« D'accord, dit son ami, quel est ton plan ? »

« Écoute, aujourd'hui je vais cacher un bâton de dynamite sous mon manteau. Alors il n'aura plus de bras pour me taper, » répondit notre grognon. »

Cette histoire déclencha un rire général.

Amma reprit : « Mes enfants, une attitude désintéressée nous aide à évoluer spirituellement. En aidant autrui, nous nous aidons en réalité nous-même. Par contre, lorsque nous agissons égoïstement, nous nous faisons du mal. Apprenez à bénir tout le monde. Ne maudissez jamais personne, car un être humain n'est pas une simple masse de chair et de sang. Il y a en chacun une conscience au travail. Celle-ci n'est pas une entité séparée, isolée ; elle fait partie du Tout, elle est unité suprême. Chacun de nos actes se reflète dans le Tout, dans le mental universel unique, et cela vous revient avec la même intensité. Que vous agissiez bien ou mal, cela se reflète dans la Conscience universelle. Apprenez donc à être désintéressé et à bénir tous les êtres. Priez pour eux, car nous avons besoin des prières et des bénédictions de toute la création pour nous aider à évoluer.

Lorsque nous prions pour autrui, l'univers entier prie pour nous, et quand nous bénissons autrui, l'univers entier nous bénit, car l'être humain ne fait qu'un avec l'énergie cosmique.

Pourquoi Krishna demanda-t-Il à la population de Vraja d'adorer le mont Govardhana ? (*Le mont Govardhana est une montagne sacrée proche du lieu de naissance de Sri Krishna. Le Srimad*

Bhagavatam raconte qu'il souleva cette montagne et la garda sur Sa main pendant une semaine pour abriter les villageois des pluies diluviennes envoyées par Indra.)

Il transforma ce jour d'adoration en une grande fête. Il n'avait besoin de la bénédiction de personne et n'agit ainsi que pour enseigner à l'humanité à rechercher et obtenir la bénédiction de la création entière. »

Notre Mère bien-aimée donne elle-même un exemple qui s'inscrit dans cette lignée. Avant d'installer l'idole, lors de la consécration d'un temple *brahmasthanam*, Amma apparaît à chacune des portes du temple et demande en joignant les mains la permission de chacun en disant : « Le temple est sur le point d'être consacré. Mes enfants, accordez votre bénédiction. » Quand Amma, qui est le pouvoir infini de Dieu sous forme humaine et peut d'un regard bénir toute la création, demande la permission et la bénédiction de ses enfants, c'est un exemple unique d'humilité. C'est une grande leçon pour nous, qui nous enseigne à implorer la bénédiction de tout et de tous, même de la créature la plus insignifiante.

Chapitre 5

Après un programme à Kodoungallor, Amma prit le bus de l'Ashram avec les résidents pour rentrer à Amritapuri. A Alleppey, le bus tomba soudain en panne. Le *brahmachari* Ramakrishna, qui conduisait, lança un regard désemparé à Amma. Il sortit du véhicule et examina le moteur sans y découvrir aucun problème apparent. Il essaya encore de redémarrer, sans succès, et demanda à Amma s'il devait appeler un mécanicien ou bien louer un autre bus. Mais elle ne répondit rien. Elle se contenta de sourire, sortit du bus et se mit à marcher. Ramakrishna était bien ennuyé. Comme tout le monde la suivait, il fit de même en espérant qu'elle lui donnerait des instructions. Mais Amma ignora ses questions. En quelques minutes, ils arrivèrent chez M. Sekhar, dont la maison n'était pas très éloignée du lieu de la panne. M. Sekhar et sa famille éprouvaient une grande dévotion envers Amma et exultèrent en la voyant. Ils riaient et pleuraient à la fois, s'efforçant en toute hâte d'organiser une réception traditionnelle en son honneur. Les yeux remplis de larmes, ils effectuèrent la *pada puja* en récitant quelques strophes du *Devimahatmyam*.

Devimahatmyam

Ô Reine de l'univers,
Tu protèges les mondes.
Soi de l'univers, Tu en es le support.
Tu es la Déesse digne d'être adorée
Par le Seigneur de l'univers.
Ceux qui se prosternent devant Toi avec dévotion,
Deviennent à leur tour le refuge de l'univers.

Ô Devi, sois favorable et protège-nous toujours
De la peur des ennemis,
Comme Tu viens de le faire en détruisant les asuras.
Détruis rapidement les péchés de tous les mondes
Et les grandes calamités engendrées
Par la réalisation de mauvais présages.

Ô Devi, Toi qui détruis la souffrance de l'univers,

Nous nous prosternons devant Toi,

Accorde-nous Ta bénédiction.

Toi qui es digne d'être adorée

Par ceux qui séjournent dans les trois mondes,

Répands sur nous Ta grâce.

Il y avait longtemps que cette famille espérait une visite d'Amma. Ils avaient entendu dire qu'elle rentrerait à l'ashram via Allepey et espéraient de tout cœur qu'elle viendrait. Dès le matin, ils ne parlaient que d'elle et juste avant son arrivée, M. Sekhar et son père se disaient qu'il y avait peu de chances pour qu'elle vînt sans avoir été invitée. Un moment plus tard, elle était à leur porte. Ils ne pouvaient en croire leurs yeux, ils avaient l'impression de rêver.

Après la *pada puja*, Amma entra dans le temple familial pour y accomplir l'*arati*. Quand ce fut terminé, elle appela chacun des membres de la famille pour un échange individuel. Elle écouta les récits de leurs cœurs douloureux, et les réconforta par des gestes pleins de compassion et par des paroles apaisantes. Amma passa trois quart d'heures avec les Sekhar.

Quand elle quitta la maison, Ramakrishna l'attendait dehors, triste et confus. Sans dire un mot, elle se dirigea vers le véhicule de l'ashram. Quand ils arrivèrent, Ramakrishna observa : « Amma, le bus n'a pas été réparé. »

Amma y monta en disant : « Essaye de démarrer. » Ramakrishna obéit et tourna la clé. Le démarrage fut immédiat et le véhicule se mit à rouler sans problème. Ramakrishna se retourna avec un large sourire, et regarda Amma en disant : « Ce n'était donc qu'une autre de tes *lilas* ! » L'expression espiègle sur le visage d'Amma semblait dire : « Fils, tu n'as aperçu qu'une infime partie de cette *lila* infinie. »

Vivre avec Amma, c'est un peu comme se trouver dans un avion qui s'apprête à décoller. L'avion se déplace tout d'abord avec lenteur pour se diriger vers la piste. Puis il ne cesse d'accélérer jusqu'au décollage. Si nous apprenons à vivre en présence d'Amma avec une attitude d'amour et d'abandon de nous-mêmes, nous atteindrons la vitesse nécessaire pour décoller, c'est certain. En sa présence, on ne reste pas la même personne, on change sans cesse à l'intérieur. Les vieux schémas disparaissent, tandis que l'on va toujours plus loin dans l'exploration du royaume qui s'ouvre à soi, celui de l'existence réelle.

Sur le chemin du retour, Amma s'arrêta chez deux autres dévots à Harippad. Il était dix-neuf heures trente quand le groupe arriva à l'ashram. Un *brahmachari* nommé Anish (SwamiAmritagitananda) attendait le retour d'Amma.

Il suivait un cours de *vedanta* au sein d'un autre mouvement spirituel, à Bombay. C'était sa première visite à l'ashram. Amma s'assit non loin du vieux temple et lui parla. C'était l'heure des *bhajans* et le groupe qui avait accompagné Amma alla rejoindre les autres résidents. Ils chantèrent *Akalatta kovilil*...

Akalattakovilil

Dans un temple lointain,
Une lampe brûlait, inextinguible,

Éclairant ceux qui errent dans les ténèbres.
La Mère universelle montrait ainsi Sa compassion.

Un jour que je passais sur ce chemin,
La radieuse Déesse me fit signe de la main ;
Elle ouvrit la porte du sanctuaire,
Prit un peu de cendre sacrée
Et l'appliqua sur mon front.

En chantant les louanges du Seigneur,
Elle prépara pour moi une couche
De Ses propres mains, si douces.
Un rêve nouveau vint alors à moi
Proclamant la vérité :
Pourquoi pleures-tu ?
Ignores-tu que tu as approché
Les pieds sacrés du Seigneur ?

Je m'éveillai avec un soupir
Et je vis, avec une grande clarté,
Ce visage de lotus.

L'amour et la liberté

Après les *bhajans*, tout le monde resta tranquillement assis, regardant Amma, assise au sud du temple. Un des *brahmacharis* posa soudain une question.

« La liberté éternelle est le but d'un véritable chercheur. Mais certains se méprennent et établissent une distinction entre l'objectif de la liberté éternelle et la voie de l'amour et de la dévotion. Amma, aurais-tu la bonté de nous donner des éclaircissements à ce sujet ? »

Amma : « L'amour et la liberté sont une seule et même chose. Il n'y a aucune différence. L'amour et la liberté sont interdépendants. Sans amour, il ne peut y avoir de liberté ; et sans liberté, il ne peut y avoir d'amour. Pour accéder à la liberté éternelle, il faut que toute négativité ait été éliminée. Lorsque vous pénétrez dans le domaine de l'amour pur, la fleur odorante et magnifique de la liberté et de la béatitude suprême déploie ses pétales et s'épanouit.

Une vieille histoire raconte qu'un groupe de moines menait une vie exemplaire, faite de dévotion et d'ascèse, auprès du maître qui les guidait. Les gens venaient de loin au monastère pour profiter de l'atmosphère merveilleuse et spirituelle qui y régnait. Mais un jour le maître quitta son corps. Au début, les disciples continuèrent à mener la même vie. Cependant ils se relâchèrent peu à peu, la dévotion et la discipline disparurent et le monastère connut le déclin. Les gens n'y venaient plus et aucun novice ne voulait y entrer. Les moines étaient en proie à un profond découragement. Ils se disputaient souvent, leur cœur était sec, ils n'éprouvaient plus ni amour ni dévotion.

Un des anciens décida un jour qu'il fallait faire quelque chose. Il avait entendu parler d'un maître spirituel qui vivait en ermite dans une forêt avoisinante. Il quitta le monastère, et partit à sa recherche pour lui demander conseil. Quand il l'eût trouvé, il lui décrivit la pente suivie par le monastère et sa situation désespérée. Le maître sourit et dit : « L'un d'entre vous est un grand saint, une incarnation de Dieu Lui-même. Les moines n'ont pour lui ni amour ni égards et c'est la source de tous vos problèmes. Mais l'avatar se cache et ne révéla pas son identité. » Sur ces mots, le maître ferma les yeux et entra en *samadhi*. Le moine ne put tirer de lui aucune information supplémentaire.

En rentrant au monastère, le moine se demandait qui, parmi ses frères, pouvait donc bien être cette incarnation. « Serait-ce le moine blanchisseur ? »songea-t-il. « Impossible, il a trop mauvais caractère. Alors le cuisinier ? Non, il se montre bien trop négligent dans son travail, et sa cuisine est mauvaise. » Il parcourut ainsi mentalement la liste des moines, les éliminant un par un à cause de quelque défaut qu'il avait remarqué. Puis il pensa tout à coup : « C'est forcément l'un des moines, puisque le maître l'a dit. Mais je ne parviens pas à le découvrir, parce que je ne vois que les travers de chacun. Et si le saint, pour mieux se cacher, feignait volontairement quelque vice ? »

Arrivé au monastère, il s'empressa de révéler à ses frères la grande nouvelle. Étonnés, ils se dévisagèrent mutuellement, tâchant de découvrir qui pouvait bien être l'incarnation, chacun sachant qu'il ne s'agissait pas de lui-même. Mais ils ne voyaient que leurs frères, qu'ils connaissaient si bien, avec leurs imperfections et leurs défauts. Qui pouvait bien être le *mahatma* ? Ils en discutèrent longuement et finirent par décider de faire un effort pour se respecter mutuellement et faire preuve de gentillesse et d'humilité. Ils n'avaient aucune idée de l'identité du Maître et ne voulaient pas Lui manquer de respect ni Le traiter avec arrogance. L'idée leur parut à tous excellente. Dès lors, leur comportement se transforma : ils se traitaient mutuellement avec gentillesse et respect, ignorant si le *mahatma* ne se tenait pas devant eux. Comme ils faisaient l'effort de voir le bien en chacun, ils se mirent à s'aimer les uns les autres. Ne sachant pas qui était le Maître, leur imagination Le voyait en chacun de leurs frères. L'amour qui remplissait leur cœur les libéra de la négativité dont ils étaient demeurés si longtemps prisonniers. Peu à peu, ils perçurent clairement la présence du Maître, non seulement en chacun d'eux, mais partout, y compris en eux-mêmes, et ils trouvèrent la liberté éternelle. L'atmosphère du monastère en fut transformée et les gens le fréquentèrent de nouveau, pour se ressourcer à l'amour et aux vibrations divines imprégnant l'atmosphère.

Ainsi, mes enfants, l'amour et la liberté sont interdépendants.

La libération complète des liens du mental et de l'ego crée à l'intérieur un flot d'amour. Les gens sont liés par le passé et le futur, c'est pourquoi il est si difficile de trouver l'amour vrai en ce monde. Pour être capable d'aimer, il faut que le passé et le futur se dissolvent et disparaissent à vos yeux. Vous pourrez alors vivre le moment présent dans sa réalité, le vivre en étant totalement ouvert, avant de passer au moment suivant en restant dans le même état d'esprit. Quand vous vivez dans l'instant, votre présence est totale. Le moment suivant vous importe peu, il ne fait jamais irruption dans vos pensées. Vous ne vous inquiétez de rien, vous n'avez ni peur ni idée préconçue. Vous abordez le moment suivant en oubliant le précédent. Le passé n'a plus d'importance et vous l'oubliez. Rien ne peut vous lier, vous êtes libre à jamais. Pour pouvoir aimer réellement, il faut être parfaitement libre. Mais en même temps, pour être libre, il faut être plein d'amour. Si vous éprouvez de la colère, de la peur ou de la jalousie, vous serez l'esclave de ces émotions. La négativité qui est en vous colorera vos pensées, vos actes et vos paroles. Comment pouvez-vous être libre quand vous êtes lié par des regrets concernant le passé et par des inquiétudes au sujet du futur ? Si vous tentez, sous prétexte de liberté, de fuir le monde dans une grotte de l'Himalaya ou quelque lieu solitaire, vous n'aurez que des ennuis. Le mental sentira bientôt le poids de la solitude, et qu'arrive-t-il quand vous êtes solitaire ? Vous vous languissez, vous vous mettez à rêver et à ruminer. Nous ne goûtons la vraie liberté que quand nous aimons tous les êtres et tous les objets de la création. Alors la nuit de l'ignorance prend fin et le jour de la réalisation suprême se lève.

Amma a entendu raconter l'histoire suivante : Un maître spirituel interrogea un jour ses disciples : « Comment savez-vous que la nuit est terminée et qu'il fait jour ? » Un disciple répondit : « Quand, en apercevant de loin une personne vous pouvez discerner s'il s'agit d'un homme ou d'une femme. » Mais le maître refusa la réponse d'un signe de tête. Un autre aspirant dit : « Quand vous voyez un arbre au loin et que vous pouvez distinguer s'il s'agit d'un manguier ou d'un pommier. » Mais cette réponse s'avéra tout aussi incorrecte. Intrigués, les disciples le prièrent de leur donner la bonne réponse. Le maître sourit et dit : « Quand vous voyez en tout homme un frère et en toute femme une sœur, c'est la fin de la nuit et le début du jour. Jusque-là, même si le soleil illumine la terre en plein midi, c'est la nuit et vous êtes dans les ténèbres. »

Mes enfants, il est bon de se rappeler cette histoire. Quand vous aimerez tous les êtres de manière égale, vous naîtrez à la vraie liberté. D'ici là, vous êtes l'esclave du mental et de l'ego.

Pour être libre, il est donc indispensable d'aimer. Mais pour aimer de manière désintéressée, il faut se libérer de tous les liens, qu'ils soient d'ordre physique ou mental. »

Vivez en accord avec votre propre dharma

Un dévot interrogea Amma : « Amma, nous sommes des chefs de famille et il nous faut travailler dans le monde pour gagner notre vie et protéger nos proches. Que devons-nous faire pour accéder à cet amour et à cette liberté ? »

Amma : « Mes enfants, restez où vous êtes et faites votre devoir avec amour et dévouement. Si vous êtes marié et établi dans le monde, ne vous sauvez pas en abandonnant votre travail et vos responsabilités de mari ou de femme, de parent. Ne croyez pas que Dieu ne vous acceptera que si vous renoncez à votre devoir et portez une robe orange. Il n'en est pas ainsi. Gardez les mêmes vêtements, remplissez vos devoirs, restez chez vous et faites votre travail. Mais en même temps, apprenez à vivre à l'intérieur de votre vrai Soi. C'est ce que nous avons de plus important à faire. Nous étudions tout le reste, mais pas cela : l'art de demeurer dans son propre Soi.

Efforçons-nous de vivre en accord avec notre propre *dharma* et ne tentons jamais d'adopter celui d'une autre personne. Ce serait aussi dangereux que si un dentiste jouait les cardiologues et soignait un malade du cœur. Il n'est pas qualifié pour cela et s'il essayait, ce serait dangereux, et pour lui et pour ses patients. Inutile de dire que le dentiste doit rester dans son domaine, où il a suffisamment d'ouvrage. En agissant avec persévérance, avec une attitude d'amour, de dévouement et d'abandon de lui-même, il peut atteindre l'état de perfection. »

Un dévot remarqua : « Dans la *Bhagavad Gita*, il est écrit : « Mieux vaut mourir en accomplissant son propre devoir ; celui d'autrui est chargé de danger. » *(III, 35).* »

Amma sourit et reprit : « Il est impossible de vivre sans être actif d'une manière ou d'une autre, que ce soit sur le plan physique, mental ou intellectuel. Nous sommes tous sans cesse engagés dans une forme d'action ou une autre ; c'est une loi immuable de la nature. Personne ne devient pur et désintéressé en une nuit. Cela exige du temps, un effort intense et de l'amour, associés à une immense patience. Faites votre devoir dans le monde, sans oublier que votre but ultime est de vous libérer de tous les liens et de toutes les limitations. N'oubliez jamais que vous avez un but élevé. Faites le nécessaire mais en même temps, ne laissez pas passer les occasions qui se présentent d'agir de manière désinté-ressée. Votre mental en sera peu à peu purifié et votre dévotion grandira. Avec de la persévérance, vous parviendrez à une plus grande lucidité mentale et à une compréhension plus profonde. Cela vous mènera finalement à l'état de perfection, à l'état de réalisation du Soi.

Toute action accomplie avec l'attitude, la compréhension et le discernement adéquats vous rapproche de la libération. Cepen-dant la même action, accomplie avec une attitude erronée, vous enchaîne. Un acte ou bien contribue à vous purifier, vous aide à réaliser votre nature divine, ou bien ajoute au fardeau déjà lourd de votre négativité, cause d'une immense souffrance.

Quoi que vous fassiez, essayez d'être vigilants. Si vous ne relâchez pas votre attention, vous prendrez peu à peu conscience de la charge inutile de pensées négatives que vous transportez. La vigilance permet d'éliminer tous les fardeaux et d'être libre.

Rien ne devrait arriver sans que vous le sachiez. Pas une seule pensée ne devrait échapper à votre attention. Observez étroitement le mental et ses différents états. En étant vigilant, vous pouvez voir clairement ce qui se passe en vous. Si vous êtes attentif au moment où la colère monte, elle ne peut passer inaperçue. Mais il ne suffit pas d'observer. Essayez de trouver la cause d'émotions telles que la colère. »

Comment détecter et déraciner la colère

Question : « Amma, comment détecter et déraciner la cause de la colère ? »

Amma : « Cette colère a une origine ; elle s'enracine dans une cause invisible qui la déclenche. C'est elle que vous devez rechercher à l'intérieur de vous. La colère est à la surface, c'est pourquoi vous la voyez en pratiquant l'introspection. Mais il faut aussi en chercher la racine, cachée dans votre subconscient, dans les profondeurs du mental. Pour détruire la colère qui crée cette agitation en surface, il n'y a qu'un moyen : en déraciner la cause.

La colère à la surface du mental est semblable à un arbre, dont la racine invisible cachée sous la terre serait l'origine. La force de l'arbre provient de la racine. Pour le détruire, il suffit de le déraciner. Supprimez la racine et l'arbre meurt automatiquement. De même, une fois que vous avez pris conscience de l'émotion négative en vous, vous devez vous livrer à l'introspection et en rechercher la cause. Si la racine est à l'origine de l'arbre, votre négativité, quelle qu'elle soit, jaillit d'une cause puissante, profondément enfouie dans le mental. C'est elle qu'il s'agit de chercher et de trouver. Une fois que vous l'avez détectée, le sentiment négatif disparaît pour ne plus jamais revenir. Mais pour accomplir ce travail, il est nécessaire d'être vigilant.

Si vous êtes attentif, vous ne prendrez jamais la mauvaise direction et n'agirez jamais de façon contraire au *dharma*. La vigilance incessante purifie au point que l'on finit par devenir l'incarnation de la pureté ; c'est là votre véritable nature. Dans cet état suprême, les intentions, les paroles et les actes sont cristallins. Le fardeau d'impureté n'existe plus, seule existe la lumière de la pureté. À vos yeux, tout est Conscience. Cela signifie que vous voyez toute chose avec équanimité. Les apparences extérieures n'ont plus aucun sens pour vous, car vous avez développé la faculté de pénétrer profondément et de voir à travers les objets. La matière, sans cesse fluctuante, perd son importance. Vous ne percevez en tout que l'*atman* immuable, le Soi. »

Amma ferma les yeux et se mit à chanter *Santamayi orukatte...*

Santamayiorukatte

La rivière de la vie coule gaiement,
Pour rejoindre enfin l'océan infini de silence,
Pour se fondre dans l'océan de Sat, Chit, Ananda.
L'eau de mer s'évapore,
S'agglutine en nuages gonflés de pluie,
Qui crèvent de nouveau pour former des rivières,
Qui se hâtent, se précipitent vers l'océan.

Nos expériences, bien que variées,
Ont un but dans le jeu divin,
Notre vie, notre chemin battu des vents,
Est aiguillonné par le besoin de se perdre
Et de s'accomplir dans le grand Au-delà, le Divin.

La rivière de la vie continue ainsi à couler,
Les expériences et la sagesse se font plus profondes ;
Puisse-t-elle couler doucement, sans accroc,
Vers l'union finale avec son Seigneur.

Amma est l'incarnation de la pureté et de l'amour suprêmes. En sa présence, la purification se produit sans effort. L'univers entier se reflète dans cette transparence et on peut y faire l'expérience de l'énergie cosmique. Nous pouvons faire don de nous-mêmes à cette lumière, à cette pureté et à cet amour suprêmes, et en retour nous serons purifiés. Amma acceptera avec joie notre impureté en échange de la pureté et de l'amour qu'elle nous accorde. Adressez-lui cette prière : « Ô Amma, voici ton enfant ! Je n'ai rien à t'offrir que mon impureté. Ô toi qui accordes tout, accepte le don de ma vie. Purifie-moi et fais de moi à jamais ton instrument, sans volonté propre. »

Demandez-vous : pourquoi ne puis-je sourire et être heureux ?

Une dévote américaine dit à Amma : « Amma, mon passé me tourmente terriblement. N'y a-t-il aucune issue ? Tu me dis de sourire, mais j'en suis incapable. Je suis pleine de tensions et de peur. Que puis-je faire pour surmonter cela et sourire, comme tu me le recommandes ? »

Amma : « Ma fille, tant que tu portes le poids du passé, tu ne peux sourire vraiment. Interroge-toi : « Pourquoi suis-je triste ? Pourquoi m'est-il impossible de sourire et d'être heureuse ? »

Regarde la beauté et la perfection de la nature. Rien ne possède l'intelligence d'un être humain, mais tout y vibre de joie. La création entière baigne dans l'allégresse. Les gens cueillent les fleurs les plus belles en brisant leur tige. Certaines finissent en guirlandes tandis que d'autres, par négligence, sont piétinées.

La vie d'une fleur est si courte ! Et pourtant elle s'offre de tout cœur aux autres ; elle fait même don aux abeilles de son nectar et cependant, elle est heureuse. Les étoiles brillent dans le ciel, les rivières coulent dans la béatitude, les branches des arbres dansent dans le vent et les oiseaux expriment leur joie par leur chant. Demande-toi : « Pourquoi suis-je donc si malheureuse, alors que je vis au sein de cette fête joyeuse ? »

À force de te demander pourquoi, tu finiras par trouver la réponse. La réponse, c'est que les fleurs, les étoiles, les rivières, les arbres et les oiseaux n'ont pas d'ego. Rien ne peut donc les blesser. En l'absence d'ego, on ne connaît que la joie. Même ce qui devrait être douloureux est vécu dans la joie.

Mais malheureusement, tu as un ego et tu as été meurtrie bien des fois. Il y a en toi une montagne de sentiments blessés. Toutes ces blessures sont en mauvais état et le pus et le sang en jaillissent. Il est étonnant que l'on choisisse de vivre dans cet état, sans se soigner.

Comme nous l'avons vu, le meilleur remède consiste à observer le mental de près, ce qui mettra en lumière la cause cachée de la souffrance. L'ego, invisible mais puissant, doit être démasqué. Il disparaît alors en disant : « Je n'ai rien à faire ici, alors salut... Nous ne nous reverrons plus jamais. » Il ne dira pas : « Au revoir. » Dévoiler l'ego signifie le détruire. Cela revient à débusquer un voleur dans sa cachette.

Abandonnez tout regret au sujet du passé et détendez-vous. En vous détendant, vous gagnerez en force et en vitalité. Cette technique permet d'avoir un aperçu de notre véritable nature, de la puissance infinie qui est la source de notre existence. Apprenez à vous relaxer pendant les moments de stress et de fatigue. Apprenez à prendre de la distance et à vous contenter de regarder les pensées négatives, les sentiments blessés et la souffrance mentale que vous ressentez. Cessez alors de coopérer avec le stress et la douleur, de vous y impliquer. Une fois que vous maîtrisez cette technique, vous prenez conscience que la tension, le fardeau et la négativité qui vous oppressent appartiennent au mental et n'ont rien à voir avec le Soi, votre nature réelle.

La détente ne sera peut-être pas totale au début, vous n'en aurez peut-être qu'un aperçu, mais cet avant-goût suffira à éveiller votre intérêt. C'est une expérience merveilleuse, que vous apprécierez ; vous souhaiterez la renouveler sans cesse, vous en voudrez toujours plus. À mesure que vous maîtriserez la technique qui donne accès à cet état, votre désir d'y demeurer ne fera que croître et gagner en force. Vous aurez pu pendant un moment tout oublier ; vous aurez savouré, l'espace de quelques secondes, la paix et la joie réelles, et ces instants précieux vous resteront en mémoire. La qualité d'éveil que vous ressentirez après ce moment de détente est elle aussi indescriptible. Vous éprouverez une soif inextinguible de retrouver cet état.

Rappelez-vous : la détente vous insuffle la force et l'énergie nécessaires pour affronter les défis qui vous attendent dans le futur. Soyez donc à la fois détendu et attentif. »

Amma demanda aux *brahmacharis* de chanter un *bhajan*. Ils chantèrent *Anantamayi patarunnor...*

Anantamayipatarunnor

Le ciel vaste, immense,
L'être intérieur
Vibrant d'enthousiasme
S'éveille !
Ô Mère !
Déesse Ambika, vierge éternelle,
Infinie, immaculée et pleine de béatitude...

Jamais - Ô ne permets jamais plus
À celui qui T'implore

De succomber à la tentation !
Les jours passent
Et la douleur de mon cœur augmente ;
Ô déesse de mon cœur,
L'ignores-Tu ?

N'y a-t-il pas de mère pour moi ?
Ou n'ai-je pas de mère ?
Dis-moi, Ô Mère de Béatitude
Dis-moi…
Je ne cherche ni la béatitude,
Ni rien d'autre,
Accorde-moi seulement l'amour et la dévotion pures.

Vigilance et shraddha

Le chant fut suivi d'un silence. Puis quelqu'un demanda :
« Amma, la vigilance est-elle la même chose que *shraddha* ? »

Amma : « Mes enfants, la spiritualité peut se résumer à un
seul mot, *shraddha. Shraddha* est la foi inconditionnelle du disciple
dans les paroles du Maître ou dans les Écritures. Les paroles du
Maître sont en parfait accord avec les Écritures, elles sont en réalité
les Écritures. Un disciple doté d'une telle foi observe constamment
son mental et ses pensées. En ce sens, *shraddha* est aussi vigilance
et signifie être sans cesse en éveil. Mais ce n'est possible que grâce à
la détente. Une personne agitée et tendue, qui songe sans arrêt à ses
échecs, ne peut pas être vigilante ni prendre pleinement conscience
du moment présent. Celle qui ne fait que rêver au futur ne le peut
pas non plus. L'un comme l'autre de ces états vous rend inerte ; vous
perdez votre créativité, votre productivité. Mais la détente affine
votre faculté de perception et fait émerger votre être réel. Seule une
personne détendue peut rester vigilante et attentive.

Mes enfants, les échecs sont inévitables. Lorsque nous trébuchons et tombons, nous ne disons pas : « D'accord ! Maintenant que je suis tombé, je vais rester allongé par terre pour toujours. Je ne vais pas me relever et continuer mon chemin. » Ce serait ridicule.

Un enfant qui apprend à marcher fait de nombreuses chutes avant de marcher correctement. Les échecs font ainsi partie de la vie. Rappelez-vous que tout échec apporte avec lui la promesse du succès. Comme les chutes de l'enfant, nos revers sont le début de notre ascension vers la victoire finale. Déception ou frustration n'ont aucune raison d'être. Ne restez pas dans les ténèbres, sortez dans la lumière.

Vous êtes la lumière de Dieu

L'obscurité n'est pas votre demeure. Les ténèbres sont une prison créée par votre mental et votre ego ; cette prison est votre œuvre et vous vous y êtes enfermé. Ce n'est pas votre foyer car vous appartenez à la lumière. Vous êtes la lumière de Dieu. Abandonnez donc les ténèbres. Comprenez que vous êtes en prison ; reconnaissez-la pour ce qu'elle est et saisissez qu'il ne s'agit pas de votre demeure véritable. Nous avons construit notre prison et avons forgé nos chaînes. Personne d'autre n'est responsable ni impliqué. Prenez conscience que les ténèbres sont ténèbres et non lumière. Nous sommes dans l'obscurité, mais malheureusement, nous croyons être dans la lumière. Les pensées constituent le problème. Nous sommes complètement identifiés avec le processus de la pensée.

Dans notre état mental actuel, nous sommes aveugles, enchaînés par l'ego que nous avons créé, mais nous nous imaginons être libres et voyants. Nous prenons les ténèbres pour la lumière et les chaînes pour la liberté. Il s'agit de prendre conscience de cette situation. Nous ne comprenons pas que nous sommes dans les fers, dans un cachot obscur, car nous y demeurons depuis longtemps.

Nos chaînes nous semblent des parures et la prison presque un foyer. Ce que nous considérons comme des ornements, la gloire, la puissance et la richesse, sont en vérité les chaînes qui nous lient. Cette conception erronée a introduit le malheur et la tristesse dans notre vie, c'est pourquoi nous ne pouvons pas vraiment sourire. Mais la vérité est à l'opposé : nous sommes la lumière du divin et la béatitude est notre droit de naissance. Nous sommes l'*atman* infini, éternellement libre.

Il existe en nous une vague mémoire de notre nature réelle. Elle nous apparaît parfois de façon un peu plus nette. Mais la plupart du temps, nous n'en avons pas conscience, c'est pourquoi nous restons enchaînés. Quand le souvenir se lève, nous nous efforçons de nous libérer. Mais la nature du lien fait que plus nous faisons d'efforts, plus il se resserre. Arrêtez de vous débattre, restez tranquille, détendez-vous, et vous découvrirez que vous êtes libre. Prendre conscience des chaînes suffit à les faire tomber. Vous vous accrochez à tous les objets illusoires créés par le mental. Ignorant la sagesse, vous vous identifiez à vos pensées et créez votre propre prison. Comment vous libérer ? C'est très simple, cessez de vous accrocher et de coopérer - lâchez prise, cela suffit.

Savez-vous comment, dans certaines parties de l'Inde, on attrape les singes ? On place sur le sol un pot à col étroit rempli de noix et d'autres aliments dont ils sont friands. Puis un singe arrive, met la main dans le pot et s'empare des noix. Mais il ne peut en ressortir la main pleine. Dans sa sottise, il n'ouvre pas la main, en abandonnant les noix, ce qui serait pourtant un moyen aisé de s'échapper. Comme il ne les lâche pas, il est pris au piège. En s'accrochant à quelques noix, le pauvre singe perd la forêt entière, ses arbres magnifiques, le vaste domaine où il pouvait se déplacer librement, jouer et apprécier la vie à cœur joie. Pour quelques noix, il perd les noix fraîches et délicieuses, les fruits qu'il pouvait trouver dans toute la forêt. Il perd son univers.

Les êtres humains ressemblent fort au singe. Un homme crie « Libère-moi ! Je veux la liberté ! » Mais qui l'a enchaîné ? Qu'est-ce qui le lie ? Personne - rien. Il doit simplement arrêter de faire ce tapage inutile, cesser de se débattre, se calmer et se détendre. Il verra alors que c'est lui, et lui seul, qui est responsable de la situation. Qu'il lâche les quelques noix auxquelles il s'accroche, et il sortira aisément la main de ce pot à col étroit constitué par le corps, le mental et l'intellect. Il peut accéder à la liberté éternelle. L'univers entier lui appartient.

La Mère qui console

Une dévote occidentale assise auprès d'Amma paraissait très triste. Amma se tourna vers elle et lui demanda affectueusement ce qui la tourmentait. Les yeux remplis de larmes, la femme la regarda. Elle paraissait souhaiter lui parler en privé. D'un signe de main, Amma renvoya tout le monde, excepté Gayatri qui servait d'interprète. Cette femme ouvrit alors son cœur à Amma. Elle avait autrefois subi deux avortements, dont la pensée ne la quittait pas et la faisait souffrir. Elle dit à Amma : « Plus je m'efforce d'oublier ce souvenir, plus il me revient avec force. Je ne peux me pardonner. Amma, pardonne-moi ce que j'ai fait ! Aide-moi à oublier et à être en paix. »

Amma la regarda avec une infinie compassion et lui massa doucement le *chakra* du cœur. Elle la consola en disant, « Ma fille, ne pense pas que tu as commis un grand péché. C'était ton *karma* et celui des deux enfants. Les fœtus n'étaient destinés à vivre que quelques semaines. Maintenant que tu as rencontré Amma, tu devrais oublier. Ne réagis pas par rapport au passé. La réaction implique la force et l'agressivité. Tu crées ainsi encore plus de tumulte dans le mental, et la pensée que tu t'efforces d'oublier revient avec plus de force. Réagir, c'est lutter. Lutter contre les blessures du passé ne fait que les rendre plus profondes. La détente est la méthode qui guérit les blessures du mental, non la lutte. En prenant conscience de ton erreur, tu t'en es libérée. Tu es déjà pardonnée. La souffrance que tu as endurée est plus que suffisante pour te laver de cette faute. Les larmes de repentir nous lavent de notre péché, quel qu'il soit. Ma fille, Amma sait que tu as beaucoup souffert. À partir de maintenant, tu ne devrais plus porter ce fardeau. Amma est là pour prendre soin de toi. Oublie et sois en paix. »

En entendant ces douces paroles, la femme fondit en larmes. Amma mit doucement le bras autour d'elle et lui mit la tête sur ses genoux, où elle continua à pleurer. Tout en lui caressant les cheveux, Amma dit à Gayatri : « Pauvre femme ! Elle a agi par ignorance. Elle se trouvait sans doute à l'époque dans des circonstances très difficiles, c'est pourquoi elle a supprimé l'enfant. La culpabilité l'a hantée pendant toutes ces années. »

Quelques *brahmacharis* s'étaient attardés non loin de là, incapables de s'arracher complètement à la présence d'Amma. Elle les rappela, et ils vinrent s'asseoir autour d'elle. La femme gardait la tête sur les genoux d'Amma, tandis que celle-ci parlait et que Gayatri continuait à traduire.

Nul ne devrait être puni éternellement

« Quelle que soit la gravité de la faute commise, une fois que vous réalisez votre erreur et la regrettez, on doit vous pardonner. Cela ne signifie pas que n'importe qui peut se permettre de faire consciemment une faute, en pensant échapper à la punition s'il se repent plus tard. Non, tel n'est pas le cas. Dans la mesure du possible, nous devons éviter de faire des erreurs. Les mortels que nous sommes commettent des fautes, c'est inévitable et parfois dû à l'ignorance, parfois à la pression des circonstances. Selon la gravité de la faute, une punition s'avère quelquefois nécessaire, pour nous donner une leçon. Si une personne refait sans cesse et délibérément la même erreur, alors une punition est indispensable. Quoi qu'il en soit, nul ne devrait souffrir éternellement ; aucune âme n'est condamnée à un châtiment éternel à cause de quelques fautes commises en pensée ou en actes.

Certaines personnes éprouvent des remords sincères. Elles prennent conscience de leur faute et désirent changer. Il faut leur donner la possibilité de prendre un nouveau départ, avec une nouvelle vision de la vie. Il faut leur pardonner et créer autour d'elles une atmosphère favorable et aimante, pour qu'elles puissent progresser et abandonner le passé tout en menant une vie fructueuse. Elles ont besoin de votre amour et de votre compassion. Souriez-leur du fond du cœur et parlez-leur avec amour. Que vos paroles d'encouragement et votre sourire leur aille droit au cœur et guérissent leurs blessures. Si votre amour et votre compassion parviennent à les toucher, elles pourront abandonner les ténèbres de leur passé. Votre compassion leur donnera le sentiment d'être aimées ; elles pourront alors se détendre et être en paix avec elles-mêmes. Ne rejetez jamais ces êtres et ne les qualifiez pas de pécheurs, car dans ce cas, nous sommes tous pécheurs ; nous avons commis le grand péché d'oublier notre vraie nature, notre existence en Dieu. Il n'existe pas de plus grand péché, et pour cela nous pourrions tous être punis. Mais la compassion et le pardon de Dieu sont infinis. Dieu nous a pardonné. Amma ne croit pas que Dieu laissera aucune âme souffrir pour l'éternité. S'Il le faisait, Il ne serait pas Dieu. »

La femme reposant toujours sur Ses genoux, Amma se mit à chanter *Amme yi jivende...*

Amme yi jivende

Ô Mère de l'univers,
Nulle autre que Toi

Ne peut essuyer mes larmes
Et libérer mon âme.
Lorsqu'elle arrive à Tes pieds,
Cette âme atteint la réalisation.

Hélas !
Maintenant encore, ce mental est plongé dans le chagrin
Car il s'est égaré dans maya
Avant de parvenir au but.
Je T'en prie bénis-moi,
Afin que je puisse T'étreindre à jamais
Avec pure dévotion.

Dans ce terrible océan de la mort et de la naissance,
Tes pieds de lotus sont le seul refuge.
Ne viendras-Tu pas répandre un peu du nectar de l'amour
Sur cette implorante qui se consume ?

Ce petit enfant médite sur Ta forme
Sans perdre un instant.
Je T'en prie, ne me fais pas attendre plus longtemps.
Attire-moi à Toi
Et accorde la paix intérieure
À cette âme torturée.

Le chant terminé, Amma redressa doucement la dévote. Elle semblait libérée d'un grand poids. Son visage était plus lumineux et elle souriait joyeusement à Amma. Poussant un grand soupir, elle dit : « Ô Amma, je suis si paisible maintenant. Tu as apporté la lumière dans la chambre obscure de mon cœur. Comment te remercier ? »

Amma se leva, l'étreignit une dernière fois et se dirigea vers la rive de la lagune.

Chapitre 6

Le respect sans amour engendre la peur

Amma était assise devant l'ancienne cuisine et coupait les légumes, entourée des *brahmacharinis* et des mères de famille. Bientôt, sentant qu'Amma se trouvait là, quelques autres *brahmacharinis* arrivèrent. Remarquant qu'une des filles épluchait un concombre en faisant des épluchures trop épaisses, Amma dit : « Ma fille, pourquoi en enlèves-tu autant ? Ne gaspille rien. Seule une personne dépourvue de *shraddha* gâche inutilement. Les actes d'un chercheur spirituel doivent être mûrement réfléchis. Nous devrions être capables de laisser transparaître dans nos actions le silence intérieur et le calme que nous obtenons par la méditation. En réalité, la méditation nous permet d'examiner avec plus de profondeur tous les aspects de nos actions. Une fois ce niveau atteint, vous ne gaspillez rien. En enlevant trop de peau, tu ôtes une partie comestible et en prives ainsi les résidents de l'ashram et les autres, y compris ceux qui ont faim et en auraient vraiment besoin. Un être qui est parvenu grâce à la méditation et à d'autres pratiques spirituelles à un certain silence, à un certain calme intérieur, n'agira jamais ainsi. »

Amma marqua une pause et quelqu'un posa une question.

« Amma, je t'ai entendue dire qu'un disciple devrait éprouver à la fois du respect et de l'amour envers son maître. Tu as dit aussi que le respect seul entraîne obligatoirement la peur. Pourrais-tu, s'il te plaît, donner quelques explications ? »

Amma : « Là où règne le respect seul, sans amour, il y a obligatoirement de la peur. Le respect contient de la peur. Le maître d'école demande à l'élève d'apprendre un poème par cœur pour le lendemain. Le pauvre écolier ne s'intéresse pas du tout à la poésie. Il préférerait faire du sport et regarder la télé. L'élève respecte son maître, mais il ne l'aime pas. Il a le sentiment que celui-ci lui impose ce qui lui déplaît, mais il n'ose pas dire non, car il a peur de lui, de ses parents et de la punition qu'il recevrait s'il désobéissait. Il répète donc le poème plusieurs fois et l'apprend par cœur. Ce n'est pas un véritable enseignement. La peur rend impossible toute véritable étude. Cette forme d'enseignement ne mènera jamais l'élève à une connaissance réelle, car elle ne fonctionne pas à partir du cœur. Par respect et par crainte du maître, l'élève apprend comme un perroquet, sans s'imprégner du sens du texte. Son cœur est fermé. La peur ferme le cœur et il y a toutes les chances pour que l'élève oublie ce qu'il a appris. Il ne peut vraiment apprendre que si son cœur est ouvert, sinon il apprend et agit de manière mécanique.

Vous entrez des informations dans un ordinateur et vous les stockez. Quand vous voulez y accéder, il vous suffit d'appuyer sur quelques touches et l'information apparaît. Mais si par erreur vous appuyez sur la mauvaise touche, fini ! Toutes les données que vous avez stockées sont effacées et l'écran reste vide.

L'ordinateur ne peut qu'obéir à la commande qui lui est donnée. Il est dépourvu d'intelligence et de sentiment car il s'agit seulement d'une machine, inventée par l'intellect humain.

Si son cœur est dépourvu d'amour et de compassion, un être humain ressemble à un ordinateur ambulant, animé. Le respect dépourvu d'amour et fondé sur la peur ferme le cœur et vous transforme en machine humaine. Si vous n'obéissez à votre maître et à vos parents que par crainte et par respect, cela revient à entrer des données dans un ordinateur. L'écran peut rester vide à tout instant car le support de l'amour est absent.

L'autre jour, des parents sont venus voir Amma avec leur fils âgé de sept ans. Il était assis sur les genoux d'Amma, qui lui a posé plusieurs questions, pour le rendre heureux et le faire parler : son nom, en quelle classe il était, ses amis, ses jeux préférés etc. Chaque fois, le garçon regardait son père avant de répondre, comme pour lui demander la permission de parler. Il ne répondait qu'après avoir obtenu le consentement de son père. Lorsqu'Amma lui demanda son nom, il regarda aussitôt son père. Il n'osa répondre que quand celui-ci eût dit : « Dis ton nom à Amma. » Il avait trop peur pour parler. Cela ne s'appelle même pas du respect, c'est de la peur à l'état pur. Si vous menacez un enfant en lui disant : « Obéis, ou bien je vais te punir, » vous ignorez le mal que vous lui faites. L'enfant se ferme et ne peut plus s'exprimer. Il portera cette peur toute sa vie. Il deviendra peut-être riche, avec un excellent niveau d'éducation et une situation importante dans la société, mais la peur sera toujours là, profondément enfouie, et fera de sa vie personnelle un enfer.

Lorsque nous créons la peur et le respect pour enseigner à l'enfant l'obéissance, il ne s'agit pas de discipline, bien que nous aimions à l'appeler ainsi. Une discipline véritable et constructive se fonde sur l'amour. Là où l'amour est absent, la révérence ou le respect s'enracine dans la peur. Une relation aimante ouvre notre cœur et nous permet de nous exprimer pleinement, de la façon qui nous plaît. L'amour vous rapproche, et dans cette intimité il n'y a aucun manque de discipline. Un respect naturel et authentique naît de cet amour, qui vient d'une juste compréhension. En d'autres termes, une fois qu'un fort lien d'amour est établi entre le maître et l'élève ou entre le parent et l'enfant, il est facile d'établir une discipline sans froisser les sentiments de celui qui en est l'objet. Tant que ce lien n'est pas établi, il faut se montrer patient et pardonner.

Mes enfants, vous avez peut-être entendu parler de la relation entre *guru* et disciple qui existait autrefois. Des élèves de toutes castes et de tous milieux venaient à la *gurukula*. La période d'éducation durait au moins douze ans. Le système était à l'époque entièrement différent. Il ne ressemblait en rien aux écoles et aux lycées modernes. De nos jours, les élèves ne peuvent étudier sans prendre de notes ou regarder leurs manuels scolaires. Pendant le cours, ils regardent rarement le visage de leur professeur. Ils écrivent, se penchent sur leur manuel ou bien rêvent en regardant par la fenêtre. Ils ne regardent pas le visage du maître parce qu'ils ne l'aiment pas. Ils éprouvent envers lui du ressentiment. Même s'ils manifestent un respect extérieur, au fond d'eux-mêmes, ils lui en veulent. Le respect dépourvu d'amour est en général issu de la peur, qui peut à son tour engendrer la colère et même la haine.

La plupart des enfants éprouvent quelque ressentiment envers leur père et leurs maîtres, parce que ceux-ci les dominent. Ils ont le sentiment que les adultes s'efforcent de leur imposer leurs propres idées. Tant qu'un jeune dépend de son père et de ses enseignants, sa situation ne lui permet pas d'exprimer sa colère. Quelques enfants se révoltent et causent des problèmes, mais la majorité d'entre eux se soumet tant qu'ils n'ont pas acquis leur indépendance. D'instinct, c'est le souci de leur sécurité qui prime. Mais dès qu'ils sont libérés de leur dépendance, ils explosent souvent et donnent libre cours à leurs sentiments. L'enfant ou l'élève avait refoulé sa colère dans le subconscient, la masquant peut-être en feignant l'amour et le respect parce qu'il avait besoin de son père ou de son maître. Il ne saurait se passer du soutien matériel et de l'éducation qu'ils lui donnent. Mais cette période terminée, il ne peut contenir la colère plus longtemps et elle explose. Des pensées telles que : « Il m'a dominé, il n'a pas fait ce que je voulais, il m'a puni et humilié devant tous,» se manifestent parfois sous la forme de haine ou de colère. Le jeune veut alors se venger. Son respect s'évanouit car il n'a jamais été réel, n'étant pas enraciné dans l'amour. Il montre alors le vrai visage qui se cachait derrière le masque du respect : celui de la colère. C'est ce qui se produit dans toutes les relations de ce type, si l'amour et la compréhension nécessaires font défaut. La colère couve comme un feu, attendant l'occasion de s'embraser. D'ici là, si un individu engagé dans une relation ne cultive pas la bonne attitude, faite d'amour et de compréhension, il dissimule en lui un volcan. Telle est l'expérience de centaines de milliers de gens. Amma ayant eu un contact personnel avec des millions de personnes dans le monde, issues de tous les milieux, peut vous assurer que c'est vrai. Il existe certes des exceptions, des gens qui mènent une vie heureuse et équilibrée, mais la plupart font partie de la catégorie qui vient d'être décrite. »

Amma marqua une pause et demanda aux *brahmacharinis* de chanter. Elles chantèrent *Amritanandamayi janani…*

Amritanandamayijanani

Ô Mère Amritanandamayi,
Tu es l'incarnation de la miséricorde,
De la compassion, de la sagesse et de la béatitude.

Toi qui détruis tous les obstacles,
Mère de Vinayaka Ganesha
Ô Mère
Tu es l'incarnation de la sainteté
Et de la connaissance,
C'est Toi qui nous munis de l'intellect.
Les Védas sont Ta forme,
Tu es Conscience, le pur Soi.
Ô Mère Amritanandamayi.

Amritanandamayi,
Tu es Sarasvati,
Déesse de la Connaissance,
Tu tiens le livre et la vina ;
Tu es Brahman

Tu es Mahalakshmi, Déesse de la fortune
Parvati, Déesse de la Puissance,
Sankari, toujours favorable
Et Adi Parashakti, la puissance primordiale.

Tu es Vishnoumayi
Le pouvoir dynamique qui soutient le monde,
Et Shiva-Shakti
L'Actif et le Passif ;
Mère de l'univers,
Protège-nous !
Apparais-nous en Krishna et en Devi Bhava
Ô Amritanandamayi...

Amma avait les yeux fermés. Les *brahmacharinis* la contemplaient en silence, en essayant de s'imprégner de la signification profonde du *bhajan* qu'elles venaient de chanter. Au bout de quelques minutes, Amma ouvrit les yeux et sourit à ses enfants. L'une d'entre elles dit : « Amma, aie la bonté de bien vouloir en dire plus au sujet de la relation entre *guru* et *sishya*, qui existait dans les anciens *gurukulas*. »

La relation guru-sishya dans les anciens gurukulas

Amma : « Dans les *gurukulas* des anciens *rishis*, où les disciples vivaient avec un Maître, le servaient et étudiaient leurs leçons, personne ne prenait de notes ou ne se plongeait dans les livres pendant le cours. Les disciples se contentaient de regarder le Maître pendant qu'il parlait. Cela suffisait. Nul besoin de cahier ni de manuel. Les paroles du Maître pénétraient directement dans leur cœur. Cela n'était possible que grâce au lien profond forgé entre eux. Le Maître n'imposait pas la discipline sottement, par la force ou en dominant ; c'était bien au contraire une relation issue d'un amour et d'une compréhension véritables. Il éprouvait pour ses disciples une réelle sollicitude, et ceux-ci exprimaient en retour leur amour et leur respect en se préoccupant sincèrement de Lui. Ce respect ne venait pas de la peur, mais d'un amour profond.

Le Maître ouvrait à ses disciples la porte de son cœur, les accueillait et les acceptait pleinement, sans réserve. Son ouverture et son désintéressement rendaient les disciples humbles et ouverts en sa présence. Bien qu'il fût un trésor inépuisable de connaissance, il était aussi très humble. Il n'avait pas l'air de dire : « Je suis le maître et vous êtes mes disciples, faites donc ce que je vous dis, sinon je vous punirai. »

Les disciples avaient toute liberté de poser des questions à leur Maître s'ils avaient besoin de clarifier leurs doutes. Celui-ci, étant l'incarnation de la connaissance, était capable de les dissiper en théorie aussi bien qu'en pratique. Dans les écoles modernes, même si les élèves ont des doutes et des questions, ils hésitent à les exprimer, car il n'existe entre eux et leur professeur ni amour, ni intimité. Ni l'enseignant ni les élèves ne sont assez ouverts, aucun n'a soif de donner ou de recevoir une connaissance véritable. Les maîtres trouvent difficile de clarifier les doutes de leurs élèves, car eux-mêmes n'ont jamais au cours de leurs études reçu une connaissance véritable. Leur relation avec leurs enseignants souffrait du même manque.

Dans les anciennes *gurukulas*, le Maître priait avec ses disciples : « Que *Brahman* daigne nous protéger, qu'Il daigne nous nourrir vous et moi et nous accorder à tous l'énergie dont nous avons besoin. Que cette étude contribue à nous éclairer et puissions-nous ne jamais nous haïr. Om *shanti, shanti, shanti* ! »

La prière concernait à la fois le maître et l'élève, une bénédiction pour la compréhension et le progrès spirituel des uns et des autres. Non que le Maître eût besoin du disciple — il donnait simplement ainsi un magnifique exemple d'humilité.

Le Maître priait sans cesse. Mes enfants, celui qui est plongé dans la prière ne manifeste pas d'ego. Il est humble en toutes circonstances. En ce temps-là, l'humilité, l'amour et la patience donnaient à la vie sa beauté et sa plénitude. Bien que le Maître fût un être réalisé et omniscient, il se montrait humble devant ses disciples.

Personne ne manifeste son ego en présence d'une âme vraiment humble. Les disciples qui venaient étudier auprès d'un tel Maître, même s'ils n'étaient pas dépourvus d'ego, se montraient donc humbles et obéissants devant lui. À cette époque, les princes, les fils de la noblesse et les gens de toutes les couches de la société venaient à la *gurukula*. Aux yeux du Maître, il n'y avait aucune différence. Ils vivaient, mangeaient et dormaient ensemble, et recevaient le même enseignement. Ils travaillaient physiquement, prenaient soin des vaches du maître, allaient chercher le bois dans la forêt, s'occupaient des récoltes, etc. Mais il y avait un amour immense entre le Maître et les disciples. Il n'y avait en eux aucune trace de colère ou de ressentiment.

Quand il y a autant d'amour, votre cœur est grand ouvert, aussi ouvert que celui d'un enfant. C'est cette ouverture, née de l'amour, qui permettait aux disciples d'apprendre en se contentant d'écouter le Maître et de regarder son visage. Ils n'avaient pas besoin de prendre des notes ni d'utiliser un manuel, et pour apprendre un poème ou un essai, il ne leur était pas nécessaire de le répéter cent fois. Ils écoutaient le maître une fois, et cela suffisait : ils se rappelaient le texte jusqu'à la fin de leurs jours. Ils n'oubliaient jamais ce qu'ils avaient appris en contemplant le visage de leur Maître bien-aimé. La véritable écoute ne se produit que là où règne l'amour.

Quand le Maître parlait, c'était l'amour qui parlait, et à l'autre bout, ses paroles n'étaient reçues que par amour. Grâce à l'affection qu'ils portaient au Maître, le cœur des disciples était comme un champ fertile, prêt à recevoir la connaissance qu'il leur transmettait. L'amour donnait et c'est lui qui recevait. Il rendait le Maître et le disciple ouverts l'un à l'autre. pour donner et recevoir vraiment, il faut que l'amour soit présent. Sans cela, il n'y a ni écoute réelle, ni *shraddha*, car l'auditeur est fermé. Si votre cœur est fermé, vous êtes facilement dominé par la colère (votre passé) et le ressentiment, et rien ne peut pénétrer en vous. »

Le système d'éducation moderne et les voies des maîtres d'autrefois

Question : « Quel est le problème du système d'éducation moderne ? »

Amma : « Dans ce système d'éducation, cette ouverture fait défaut. Le professeur et l'élève sont fermés l'un à l'autre, il n'y a ni partage ni amour, rien que du ressentiment. Les maîtres n'ont aucune humilité et beaucoup d'entre eux sont orgueilleux. Ils veulent dominer les élèves et leur imposer leurs propres idées. Si ceux-ci n'écoutent pas, ils se mettent en colère et veulent les punir. Cette façon peu intelligente de les approcher détruit toute possibilité d'établir une relation aimante avec eux, qui leur permettrait de plonger dans les profondeurs de la connaissance véritable. Une des causes les plus importantes du déclin du système éducatif est cette absence de lien d'amour, de relation positive capable de rapprocher le maître et l'élève. Seul un amour véritable et une acceptation mutuelle pourraient leur permettre de se comprendre, ce qui ouvrirait la porte à un échange réel.

Mais ils sont comme des pôles opposés et cette distance intérieure rend tout enseignement impossible. Leur ego a creusé entre eux un gouffre. Le maître ne parle pas par amour mais animé par la vanité : « Je suis le maître et vous les élèves. Je sais tout et vous ne savez rien, alors vous feriez mieux de m'écouter, sinon... » L'élève est sensible à cette attitude. Lui aussi est fier et quand il perçoit la suffisance du professeur, il pense : « Pourquoi devrais-je écouter ce type ? Pas question ! » Son cœur se ferme et il y a entre eux un mur épais. Le maître continue à parler mais rien ne parvient jusqu'à l'élève. Celui-ci est physiquement présent, assis à quelques mètres du professeur dans la salle de classe, mais ils sont en réalité à mille lieues l'un de l'autre. Ils sont tous deux fermés. Quand un cœur fermé parle, rien n'en sort ; la connaissance ne trouve d'écho qu'à l'intérieur du locuteur et ne peut créer d'impact chez l'auditeur — un cœur fermé parle et un cœur fermé écoute. En d'autres termes, il n'y a pas de réelle transmission de connaissance.

De nos jours, tout le monde désire recevoir de l'attention car celle-ci nourrit l'ego, qui en vit. L'élève comme le maître ont soif d'attention, et s'ils ne l'obtiennent pas, leur mental se remplit de colère et de ressentiment. Dans certains cas, le maître et les élèves s'infligent même des blessures sérieuses.

Le type de relation qui existe de nos jours entre le maître et l'étudiant ne permet à personne de se transformer ou de croître. Ce n'est pas ainsi que la connaissance véritable verra le jour chez l'élève. Une telle relation n'engendre chez l'un comme chez l'autre que des sentiments négatifs. Vous portez le fardeau des blessures créées par des incidents de ce type et votre vie entière devient une grande blessure, remplie par le pus d'émotions négatives intenses.

Il y eut une époque où le Maître transformait les disciples par sa simple présence ; il serait plus exact de dire que cette transformation se produisait chez le disciple. Telle était la puissance de cette présence.

Ce pouvoir, source de transformation, était celui de l'amour et de la compassion que les disciples percevaient en sa présence. Quand le cœur d'un être est rempli d'amour et de compassion, votre propre cœur s'ouvre spontanément, comme une fleur s'épanouit au soleil. En présence de l'amour, la fleur en bouton de votre cœur éclot. Le Maître ne vous donne pas forcément d'instruction, son enseignement n'est peut-être pas verbal ; cette ouverture survient naturellement, comme une fleur déploie ses pétales. Cela ne peut manquer de se produire en présence d'un Maître authentique.

Une fleur n'a pas besoin qu'on lui enseigne à fleurir, et le rossignol n'a jamais pris de leçons de chant. Le processus est naturel et ne requiert aucune force. De même, en présence d'un grand Maître, votre cœur qui était encore en bouton, fermé, s'ouvre. Vous devenez aussi réceptif et innocent qu'un enfant, l'enfant humble et obéissant du Maître. Il ne vous enseigne rien. Vous apprenez tout sans recevoir d'instruction. Sa présence, sa vie, tel est l'enseignement suprême. Aucune autorité, aucune force ne sont requises ; tout se produit naturellement et sans effort. Seul l'amour peut créer ce miracle.

Dans le système éducatif moderne, les élèves épuisent leur énergie en répétant leurs leçons d'innombrables fois pour les apprendre. L'éducation est devenue un processus qui dissipe l'énergie. Les élèves sont sans arrêt soumis à une grande tension ; pendant les périodes d'examen, leurs parents leur infligent souvent un stress et un surmenage visibles.

Selon Amma, que notre but soit spirituel ou matériel, nous ne pouvons l'atteindre si nous sommes soumis à trop de pression venant de toutes les directions.

Le système éducatif moderne repose comme un sac lourd et trop chargé sur les épaules de l'élève et les parents aggravent souvent la situation. Ils ne connaissent qu'un seul *mantra* et ne cessent de le répéter à leurs enfants : « Tu dois étudier tes leçons, faire tes devoirs et ne rien faire d'autre qu'étudier. » Pendant les examens, les élèves, loin d'être détendus, sont en proie à une grande tension.

Enseignez-leur l'art de se relaxer et d'être à l'aise. À moins de se décontracter, comment pourraient-ils apprendre ? Il est impossible d'étudier réellement sans se détendre. Telle est la première leçon à assimiler. Il est très important que les parents le comprennent avant d'exiger quoi que ce soit de leurs enfants. Amma leur suggère de pratiquer la relaxation dans leur propre vie. Ils n'en comprendront l'importance pour leurs enfants que s'ils en font eux-mêmes l'expérience. Les pratiques spirituelles telles que la méditation, la répétition du *mantra* et le chant dévotionnel sont différentes méthodes qui permettent de détendre le mental et de rester toujours ouvert, comme une fleur fraîchement épanouie.

Les parents ignorent le grand mal qu'ils font à leurs enfants en les exhortant sans cesse : « Étudie, étudie, étudie ! » Quand ils organisent des cours particuliers pour toutes les matières pendant les vacances et les week-ends, les pauvres enfants doivent courir d'un maître à l'autre, épuisent leur énergie et sont soumis à un grand stress. Lorsque l'élève rentre le soir, il est pâle et épuisé ; il ne peut même pas prendre son repas dans le calme. En conséquence, il ne pense à rien d'autre qu'à ses études. Il lit et relit, répète indéfiniment et apprend par cœur, comme s'il s'agissait d'entrer des informations dans un ordinateur. L'enfant en ingurgite encore et encore, se surcharge et se bourre de plus de données qu'il ne peut en absorber.

Il obtiendra peut-être des notes records et réussira ses examens avec mention, mais à la fin de ses études, le jeune sera presque devenu une machine. Il aura perdu la faculté de vibrer, de ressentir la beauté et l'amour de la vie et ne possédera pas un grain de sagesse réelle. Le jeu et le rire seront absents de sa vie. Il sera fermé, et l'adulte se montrera incapable de sourire à sa femme ou de jouer avec ses propres enfants. Il sera peut-être connu et éminent dans son domaine, mais en tant qu'être humain, il échouera. Il lui manquera l'éclat de la vie. Dans son foyer, il sera toujours raide et sérieux. Garder toujours un sérieux extrême, que cela semble ou non approprié, est une sorte de maladie.

Lorsque de telles personnes vieillissent, leurs facultés s'usent, à cause de la manière inintelligente dont ils ont acquis leurs connaissances. Ils ont accumulé des informations en étudiant sans relâche. Jamais ils n'étaient à l'aise, jamais détendus. Au cours de ce processus, ils ont fait un usage erroné de leurs facultés intérieures, en ne permettant jamais à leur mental de se reposer. Celui-ci, comme une machine, s'est usé, surchauffé. Ils l'ont rempli sans interruption, sans couper le courant pour lui donner une pause, ce qui lui aurait permis de se détendre et de refroidir. Ils n'ont pris aucun soin de leur machine, et maintenant, ils sont grillés. »

Tandis que les paroles vibrantes d'Amma portaient le parfum de sa divine présence dans le cœur des auditeurs, elle se mit à chanter *Devi jaganmata*...

Devi jaganmata

Gloire à la Déesse, à la Mère du monde
À la Déesse de l'énergie suprême !

Ô Vierge éternelle, qui pratique l'ascèse à Kanyakumari,
Sur le rivage de la mer bleue,
Viens et accorde-moi une faveur !

Ô Mère, dont la vraie nature est lumière,
Dont la forme parfaite
Est constituée de sagesse, de vérité,
D'énergie et de béatitude !

Aum, gloire à la Mère de l'univers !

L'art de la détente

La conversation reprit.

Question : « Amma, tu parlais de la détente. Aurais-tu la bonté de nous en dire un peu plus à ce sujet ? »

Amma : « Il n'est possible d'acquérir une connaissance véritable que si l'on étudie dans un état de détente. Des études menées dans la tension et l'effort, sans accorder décontraction et repos au corps, au mental ou à l'intellect, ne peuvent conduire au succès. En fait, c'est la détente qui nous insuffle la clairvoyance et l'énergie nécessaires pour apprendre et retenir tout savoir réel. Les connaissances acquises de cette manière garderont une fraîcheur éternelle, quel que soit votre âge. Une mémorisation mécanique, dans le stress et l'effort, et sans détente ne contribuera en rien au développement général d'une personne. Seul celui qui a étudié avec un mental paisible peut réellement mettre cette connaissance en pratique et devenir un maître dans son domaine. Les autres porteront simplement le poids de leur savoir dans leur tête. Ils transportent avec eux un fardeau d'informations, qu'ils tiennent pour un ornement de leur personnalité, alors qu'en réalité, au contraire, ils en sont pour ainsi dire défigurés.

Des centaines de milliers de gens dans le monde étudient les différentes sciences et autres branches du savoir. Les docteurs ès Lettres se multiplient à la vitesse des champignons. Il y a aussi des millions d'ingénieurs et de médecins sur la planète. Mais combien, parmi eux, contribuent vraiment à l'intérêt général par leur savoir et leurs études ? Combien d'entre eux excellent réellement dans leur domaine ? Bien peu. Combien, parmi les innombrables personnes qui apprennent la peinture et la musique, deviennent des peintres ou des musiciens qui captivent l'âme ? Une poignée seulement. D'autres ont étudié dans la même université, avec le même professeur, leurs conditions d'études étaient les mêmes.

Comment se fait-il donc que si peu deviennent de véritables maîtres, reconnus ? C'est que peu d'entre eux ont appris l'art de la détente reste a seulement été gavé d'informations. Ils voulaient obtenir de. Ils n'étaient qu'une poignée à être détendus pendant leurs études. De bonnes notes, avoir un travail correct et bien rémunéré, une belle maison, une femme et des enfants — leur ambition s'arrêtait là, leurs études aussi. Ils y mirent un point final et se soucièrent d'autre chose. De telles personnes nourrissent toujours des inquiétudes et ne sont jamais décontractées. Elles éprouvent une grande tension et un sentiment de stress, car elles n'ont jamais appris à se détendre.

Mais celui qui sait se détendre continue à apprendre. Sa soif de connaissance ne tarit jamais. Il continue donc à engranger des connaissances qu'il met réllement en pratique. Il n'étudie pas seulement l'espace d'un point de vue abstrait, mais invente de nouvelles techniques et des équipements qui lui permettent d'explorer le sujet. Il ne se contente pas d'une connaissance théorique des milieux sous-marins, il plonge dans les abysses pour découvrir ce qui s'y cache. Sa curiosité est inépuisable. Malgré sa soif inextinguible d'apprendre et de connaître, il est toujours détendu et cette attitude lui donne la force et la vitalité nécessaires pour assimiler plus de connaissances encore et les mettre en pratique par ses expériences. Si elles possèdent foi et détermination, de telles personnes peuvent plonger profondément dans leur propre Soi, la source de toute connaissance. Cela les aidera finalement à réaliser leur existence véritable dans le Soi.

Certains poètes, peintres, musiciens et scientifiques passent beaucoup de temps dans la solitude, à pratiquer la contemplation et la détente. Ils fuient le tumulte du monde et entrent en retraite. Assis, seuls, parfaitement détendus, ils cessent de s'identifier au mental et à ses pensées. Ils glissent parfois dans un état profond, semblable à une transe. Lorsqu'ils en sortent, ils sont capables de créer un chef-d'œuvre. On rapporte de nombreux incidents de ce genre. Mais comment cela se produit-il ? C'est le fruit du profond silence qui règne en eux lors de telles expériences. Quand le mental est vide de pensées, qu'il est libre de perturbations ou d'agitation, un éveil se produit et les dons latents, les facultés infinies de la pensée se manifestent. Lorsque vous puisez dans les royaumes inconnus de la connaissance pure, divine, des révélations se produisent. Telle est la puissance de la détente intérieure.

En conséquence, mes enfants, si vous désirez bien apprendre vos leçons, la meilleure méthode est de vous détendre. Votre intellect gardera son acuité, votre mémoire augmentera énormément, et vous n'épuiserez pas votre énergie en répétant une leçon cent fois pour la retenir. Quand on est profondément détendu, il suffit de lire la leçon une fois pour s'en souvenir à jamais.

Avez-vous jamais vu vos grands-parents psalmodier tout un texte sacré ou un long hymne sanscrit sans regarder le texte une seule fois ? Ils ont dû l'apprendre quand ils étaient jeunes. Leurs parents le leur ont enseigné ou bien ils l'ont entendu réciter. Ils le déclament avec précision, sans faute et en prononçant distinctement. Ils ont beau avoir plus de quatre-vingt-dix ans, ils le psalmodient à la perfection. Quelle mémoire !

Il y a quelques années, Amma rendit visite à des dévots et fit la connaissance de la grand-mère de la famille. Elle avait plus de quatre-vingt-dix ans, était décharnée et grabataire. Sa vie s'en allait, mais elle pouvait encore parler. Amma s'assit auprès d'elle, sur le lit. « Mère, ouvre les yeux. Regarde qui est assis auprès de toi ! C'est Amma ! » lui dit sa fille. La vieille femme ouvrit lentement les yeux et regarda Amma avec un sourire radieux. Sa fille lui dit alors : « Mère, chante le *Narayaniyam* pour Amma. » Avant qu'elle eût terminé sa phrase, la vieille femme se mit à psalmodier les versets en sanscrit couramment, avec une clarté absolue. Elle continua ainsi longtemps sans montrer aucun signe de fatigue ; sa fille dut finalement lui dire d'arrêter.

Mes enfants, voyez Achamma *(la grand-mère paternelle d'Amma).* Elle a près de quatre-vingts ans, mais elle se lève encore à quatre heures du matin, se lave à l'eau froide, répète ses litanies habituelles ; et chaque jour, elle tresse une guirlande qu'Amma porte pendant le *Devi bhava.*

Les gens d'autrefois étaient beaucoup plus détendus que nos contemporains. Ils n'étaient pas pressés. Ils parvenaient toujours à trouver un moment pour lire les Écritures, réciter les versets des épopées et chanter la gloire du Seigneur dans une atmosphère paisible et décontractée.

Matin et soir, toute la famille se retrouvait dans la salle de prières pour chanter les noms du Seigneur et prier ensemble. Ces moments de détente, qu'ils se ménageaient au milieu d'une vie quotidienne fort active, les aidaient à accomplir leur travail dans le monde en gardant un bon équilibre mental.

Rappelez-vous l'exemple ci-dessus, la vieille femme récitant les versets du *Narayaniyam,* même sur son lit de mort. Comment expliquer cela ? On ne le lui avait pas enseigné comme on entre des données dans un ordinateur. Elle l'avait appris en être humain intelligent, avec un mental détendu, sans stress, et en aimant le texte. Ce que vous étudiez dans la décontraction gardera sa fraîcheur jusqu'au jour de votre mort ; tandis que ce que vous apprenez avec un mental rempli de tensions et de stress sera bientôt oublié. En réalité, vous ne pouvez rien retenir sans détente car au lieu de pénétrer en vous cela reste en surface et ce qui s'y trouve sombre forcément dans l'oubli, comme les vagues de l'océan qui apparaissent et disparaissent. La connaissance accumulée par un mental sous tension ne peut prendre racine ; elle est soumise au changement et à la transformation. Le mental ne peut donc vous en restituer qu'une image floue.

Mes enfants, apprenez à être décontractés en toutes circons-tances. Quoi que vous fassiez et où que vous soyez, détendez-vous et vous découvrirez la force qui réside dans une telle attitude. L'art de la relaxation permet au pouvoir qui est en vous de se manifester. Vous prenez ainsi conscience de vos facultés infinies. Il s'agit de calmer le mental et de concentrer toute votre énergie sur le travail que vous êtes en train de faire, quel qu'il soit. Cela vous permet d'utiliser tout votre potentiel. Lorsque vous maîtrisez cet art, tout arrive spontanément et sans effort. Vous voulez par exemple apprendre un discours ou un poème ; vous vous asseyez et vous détendez, vidant votre mental de tout autre sujet, et vous parcourez le texte une fois — non pas cent fois en renonçant au sommeil et à la nourriture — et vous le savez une fois pour toutes. Vous ne l'oublierez plus jamais. Le mental humain recèle des facultés infinies, il peut accueillir l'univers entier et l'ensemble de la connaissance, mais nous n'avons pas appris comment puiser à la source infinie de la pensée. »

Amma s'arrêta de parler, et une des dévotes se mit à déclamer quelques versets de l'*Uddhava Gita (un chapitre du Srimad Bhaga-vatam. C'est une conversation entre Sri Krishna et Son grand dévot, Uddhava)*. Elle récitait de façon mélodieuse, à la manière classique.

Quand elle eut achevé la dernière strophe, Amma la regarda avec affection en disant : « Ma fille, tu as récité magnifiquement. » La dévote, contente et heureuse, dit : « C'est ta grâce, Amma. »

Le flot des paroles d'ambroisie d'Amma continua de s'écouler. « Mes enfants, connaissez-vous cette histoire ? Il y a longtemps, un empereur fit la conquête de l'Inde. Il avait aussi une autre intention : il voulait emporter une édition parfaite et originale des quatre *Vedas* dans son pays. Il envoya des messagers dans les diffé-rentes parties de l'Inde avec la mission d'en trouver un exemplaire authentique. Il finit par découvrir qu'une famille brahmane du

Nord de l'Inde en possédait un et se rendit immédiatement sur le lieu où elle habitait, accompagné de tout un bataillon de soldats.

Le brahmane, un homme pauvre, vivait avec sa femme et ses quatre fils dans une petite hutte au bord du Gange. Il était le chef de la famille. L'empereur ordonna à ses soldats de cerner la hutte, après quoi il entra et enjoignit au brahmane de lui remettre les *Vedas*. Ce dernier resta très calme. Il répondit : « Votre Grandeur, il est inutile de faire tant d'embarras. Je serai heureux de vous les remettre ! Mais accordez-moi une journée, rien qu'une journée. Je dois accomplir une cérémonie spéciale avant de vous les donner. » Voyant le regard soupçonneux de l'empereur, le brahmane reprit : « Ne vous inquiétez pas, si vous le désirez, laissez votre armée camper ici et me surveiller. Je n'ai pas l'intention de me sauver. Ayez la bonté de revenir demain matin, car je dois accomplir ce rituel avant de pouvoir vous donner les livres. »

L'empereur partit, après avoir donné à ses soldats les instructions nécessaires. Mais que vit-il en entrant dans la hutte le lendemain matin ? Il vit le brahmane offrir la dernière page des quatre Vedas dans le feu sacrificiel, en chantant à voix haute les *mantras* qui y étaient inscrits. Ses quatre fils étaient assis de chaque côté du feu, et le père présidait. L'empereur entra en furie. Il lui cria : « Tu m'as trahi ! Je te ferai décapiter pour expier cette fourberie ! » Le brahmane resta très calme et répondit : « Votre Grandeur, il est inutile de vous mettre en colère. Regardez mes quatre fils. Ils sont restés assis à mes côtés toute la nuit en m'écoutant chanter les *Vedas*, un livre après l'autre. Comme vous le voyez, je viens de terminer le quatrième et dernier volume. Ne pensez pas que je vous ai trahi en détruisant les textes, ou que j'ai manqué à ma promesse. Que vous me croyiez ou non, mes fils ont mémorisé chaque mot des quatre *Vedas*. Ils m'ont écouté et sont capables de réciter le texte entier sans en omettre un mot. Emmenez-les dans votre pays, ils peuvent transmettre la connaissance dans toute sa pureté originelle. »

L'empereur, incrédule, dit : « C'est inconcevable. Je ne te crois pas. » Le brahmane demanda alors à ses fils de réciter les *Vedas*, et à l'étonnement de l'empereur, ils les déclamèrent tous les quatre magnifiquement, sans une seule faute. Rappelez-vous qu'ils avaient tout appris en une seule nuit. Ils se contentèrent d'écouter avec concentration et beaucoup d'amour ce que leur père psalmodiait, et cela entra directement dans leur cœur. Il leur fut ainsi possible de tout retenir, spontanément.

Mais voyez la situation aujourd'hui. Les élèves apprennent à force de répéter un texte d'innombrables fois. Et pourtant, il leur arrive de l'oublier quand ils doivent se lever et le réciter en classe devant leurs camarades. Le problème, c'est la peur.

Les magiciens, les mathématiciens, les scientifiques, les musiciens, les peintres, etc., ne développent qu'une portion infinitésimale du pouvoir présent en eux. Seul un vrai maître, établi dans l'*atman*, puise à cette source infinie qui existe en chacun de nous. »

Amma s'arrêta de parler et changea soudain d'humeur. Son visage prit l'expression d'un enfant innocent. Elle se retourna et d'un ton implorant, demanda à une des *brahmacharinis*, qui avait étudié la musique classique, de chanter *Nilambujanayane*...

Nilambujanayane

Ô Mère aux yeux de lotus bleu,
N'entends-Tu pas les sanglots de ce cœur,
De ce cœur endolori ?
Si j'erre dans la solitude,
Est-ce à cause de mes actions dans une vie antérieure ?
J'ai traversé les âges
Avant de prendre cette naissance.

Je T'en prie, prends-moi dans Tes bras
Dans une étreinte maternelle ;
Laisse-moi me blottir sur Tes genoux
Comme un enfant.
Ô Mère, je ne Te mérite peut-être pas,
Mais est-ce une raison pour abandonner Ton enfant ?
Viens et prends-moi près de Toi,
Enveloppe-moi de Ton regard miséricordieux.

La technique de la détente

Après un court silence, quelqu'un demanda : « Comment fonctionne donc le processus de la détente ? »

Amma : « Mes enfants, quand vous vous détendez, vous oubliez tout, vous créez ainsi un espace libre et votre mental se vide. Imaginez que vous soyez assis dans un parc, votre bien-aimée à vos côtés. Bien des activités se déroulent autour de vous. Les gens bavardent, parlent des récents changements politiques, les enfants jouent, les jeunes crient, hurlent et font les fous ; mais vous et votre bien-aimée, assis dans un coin les yeux dans les yeux, vous n'avez pas conscience de ce qui se déroule autour de vous. Quand toutes les pensées sont oubliées et mises de côté, le doux parfum de l'amour nous remplit et le cœur s'épanouit. À ce moment-là, tout s'arrête ; même vous et votre bien-aimée cessez d'exister. Il ne reste que l'amour. Hier et demain n'interfèrent plus. Quand le passé et le futur se dissolvent, l'amour éclot et dans cet amour seul, on trouve la véritable détente.

De même, quand vous êtes détendu, vous oubliez tout le reste, et dans cet état d'esprit, si vous concentrez toute votre énergie sur un sujet de votre choix, vous l'absorbez. Votre être entier est alors grand ouvert, chaque cellule, chaque atome de votre corps est si réceptif que vous avalez le sujet entier et l'assimilez.

C'est la méthode qu'utilisaient les *rishis* dans l'éducation de leurs disciples. Ils leur faisaient tout oublier, et les amenaient à se détendre. Dans cette atmosphère d'amour et d'ouverture, leur conditionnement précédent était oublié.

Les disciples qui étudiaient dans les *gurukulas* appartenaient à toutes les classes de la société. Du prince au fils du plus pauvre des hommes, tous étudiaient dans le même ermitage, sous la direction du même maître. Normalement, une telle situation est la porte ouverte à toutes sortes de désaccords et de conflits. Pouvez-vous imaginer comment ces enfants, venant de milieux totalement différents, et avec des *samskaras* (tendances mentales) différentes, pouvaient vivre dans le même lieu, où les conditions de vie et le confort étaient en général spartiates ? La plupart de ces *gurukulas* d'autrefois étaient situées dans des forêts, loin des villes et des villages. Le maître ne faisait aucune différence entre les disciples ; jamais il ne fournissait au prince une belle chambre séparée et meublée, avec des serviteurs pour s'occuper de lui. Et il ne mettait pas non plus le fils du pauvre dans une hutte humide et poussiéreuse, de la taille d'une boîte d'allumettes. Il n'y avait aucune discrimination entre eux, ni pour la nourriture, ni pour le logement, ni pour les vêtements. Ils mangeaient les mêmes aliments, dormaient sur le même sol et portaient tous des vêtements simples. Le fils du roi, celui du noble ou du ministre comme celui du pauvre devaient s'adapter à une vie simple et travailler durement. Il n'y avait ni distinctions ni partialité. Il y avait en revanche entre eux beaucoup de partage, un amour profond et un grand sentiment d'unité.

La qualité du maître était la source de la beauté et du charme de leur vie. Sa présence aidait les disciples à oublier toutes les dissensions, à vivre dans l'unité et à boire la connaissance qu'il leur apportait.

Donc, mes enfants, rappelez-vous : il n'est possible de grandir que dans l'amour et la détente. Mais malheureusement, notre conception au sujet de l'évolution réelle a changé. Nous croyons qu'il s'agit d'une chose extérieure : devenir riche, acheter autant de voitures, de maisons, de propriétés et accumuler autant de réserves que possible. Alors les gens disent : «Quelle évolution magnifique ! » Tel est le genre de commentaire que nous ferions. Nous croyons qu'une personne fortunée s'est développée, mais s'agit-il d'une évolution véritable ? Tant que nous sommes divisés à l'intérieur, nous ne pouvons pas croître. La majorité des êtres humains sont divisés, à la fois à l'intérieur et à l'extérieur. Comment un développement authentique peut-il se produire chez une personne ou dans la société, tant qu'il n'y a ni amour ni sens de l'unité ?

La croissance réelle se déroule dans l'unité née de l'amour. Le lait qui jaillit du sein de la mère nourrit le bébé et insuffle à son corps force et vitalité, permettant aux organes de grandir sainement et de manière proportionnée. Mais le bébé ne reçoit pas que du lait, lorsqu'il tête ; il reçoit la chaleur, l'amour et l'affection de sa mère sous forme de lait. D'une manière comparable, l'amour est le lait qui aide la société à croître comme un ensemble. L'amour procure la force nécessaire et la vitalité qui permettent à la société d'évoluer sans divisions.

Chapitre 7

La Mère de l'Univers

Il était cinq heures de l'après-midi. Amma se trouvait devant l'étable avec un groupe de *brahmacharis*, de *brahmacharinis* et de visiteurs. Un *brahmachari* rentrait justement les vaches, attachées dehors. Alors qu'il s'apprêtait à détacher la dernière vache, Amma lui dit : « Fils, attends une minute. » Elle sourit et s'approcha de la vache puis, elle se mit soudain à genoux comme un petit enfant, et but directement au pis de la vache. Celle-ci restait immobile ; une expression d'immense béatitude se lisait sur son visage. Amma but à chaque pis, et au lieu de se vider, ils se remplirent de plus en plus de lait. Comme Amma était mignonne et innocente, avec le lait qui lui coulait sur les joues !

Les spectateurs de cette scène unique furent très émus, car elle leur rappelait les anecdotes de l'enfance de Krishna. Cette vache avait dû accumuler beaucoup de mérites pour qu'il lui fût ainsi donné la chance de nourrir la Mère universelle.

Amma finit par se lever. Elle s'essuya le visage avec une serviette et embrassa la vache avec affection. Elle dit : « Mes enfants, cette vache a attendu pendant longtemps qu'Amma boive son lait. Elle en éprouvait le désir ardent. »

Ému, l'un des dévots dit : « Amma, tu es en vérité la Mère de l'univers. Tu peux comprendre les pensées et les sentiments de toute la création et agir en conséquence. »

Amma se dirigea vers l'arrière de l'étable. Le *brahmachari* détacha la vache, et pendant qu'on la rentrait, celle-ci tournait la tête vers Amma, et continuait à la regarder.

Amma dit : « Mes enfants, il y eut une époque où tout le monde, y compris les parents d'Amma, s'opposait à elle à cause de son comportement extraordinaire — et on l'abandonna. Quand cela se produisit, ce furent les animaux et les oiseaux qui s'occupèrent d'elle. Un chien avait l'habitude de lui apporter des paquets de nourriture. Elle restait parfois absorbée en profond *samadhi* pendant plusieurs jours d'affilée. Quand elle sortait de cet état, une vache venait et se plaçait devant elle de manière à ce qu'Amma puisse boire directement à ses pis. Un aigle avait l'habitude d'apporter du poisson pour Amma, qui le mangeait cru. Mes enfants, quand on ne fait qu'un avec la création, quand le cœur n'est rempli que d'amour, la nature entière devient votre amie et vous sert. C'est l'égoïsme et l'étroitesse d'esprit qui éloignent de vous les créatures. »

Amma se trouvait maintenant derrière l'étable. Voyant que la fosse à purin était pleine à déborder, elle dit : « Mes enfants, Amma s'étonne qu'aucun de vous n'ait pris l'initiative de vider ce bassin. » Elle appela ensuite le *brahmachari* chargé de s'occuper des vaches et demanda : « N'as-tu pas remarqué que la fosse était pleine ? N'est-ce pas ton devoir de t'assurer que l'étable et ses alentours restent propres ? Mes enfants, peu importe ce que vous faites, l'important est la manière dont vous le faites. Si vous n'accomplissez pas votre tâche avec amour et dévouement, comment pouvez-vous progresser spirituellement ? Amma ne veut pas faire de grands discours. Vous devriez apprendre à faire un travail spontanément et volontairement, sans qu'il faille vous le demander. » Amma entreprit de vider la fosse à l'aide d'un seau. Voyant cela, un groupe s'avança, sans oser tout d'abord s'approcher d'Amma, de peur qu'elle ne soit en colère et ne les laisse pas l'aider. Mais elle ne dit rien. Supposant qu'elle leur en donnait ainsi la permission, ils allèrent chercher d'autres seaux et se mirent à l'œuvre ; en quelques minutes, la fosse était vide. Le travail terminé, la robe d'Amma était toute sale ; mais elle ne s'en inquiétait pas. Elle prit un balai qui se trouvait dans un coin et commença à nettoyer tout autour de l'étable. Malgré les prières de ses enfants qui voulaient lui reprendre le balai et faire le travail, elle ne s'arrêta que lorsque les lieux furent propres.

C'était l'heure des *bhajans*. Amma se rendit dans sa chambre, dont elle ressortit quelques minutes plus tard afin de permettre à tous de boire la béatitude que procurent ses chants si émouvants.

La peur bloque la spontanéité

Les *bhajans* terminés, Amma eut la gentillesse de répondre à quelques questions supplémentaires. Les dévots furent enchantés de la chance qui s'offrait ainsi à eux : pouvoir se désaltérer à cette source de sagesse infinie.

Question : « Amma, l'autre jour, tu as dit qu'un être sous l'emprise de la peur ne peut se détendre. Il lui est alors impossible de s'exprimer spontanément. Quelle est la cause de cette crainte ? »

Amma : « C'est l'idée de ce que les autres pourraient penser de nous, la crainte d'être jugé, qui engendre la peur. Le problème, c'est le sentiment de « l'autre ». Tant que cette appréhension demeure, le cœur reste fermé et un cœur fermé ne peut s'exprimer.

Prenez l'exemple de l'élève auquel on demande de réciter un poème devant toute la classe. Il a appris le poème chez lui, en se le répétant de nombreuses fois mais quand il essaie de le réciter devant les autres, la peur l'envahit — la peur du jugement. « Que vont penser de lui le maître et ses amis, s'il fait une erreur ? » Cette pensée le submerge et efface tout de sa mémoire.

Quand l'élève est seul derrière les portes fermées de sa chambre, il est détendu, il n'a pas peur. Mais devant les autres, il n'arrive pas à se détendre. L'idée que ses camarades le regardent et pourraient le juger et le critiquer crée en lui un blocage qui lui ôte la faculté de parler. Pour que pouvoir s'exprimer pleinement, le sentiment de « l'autre » doit disparaître. Il faut apprendre à rester toujours aussi détendu que nous le sommes dans la solitude de notre chambre.

C'est quand un chanteur oublie le public, s'oublie lui-même, que son chant captive l'âme. Une œuvre d'art qui touche le cœur ne peut naître qu'au moment où le peintre oublie et lui-même et le reste du monde. Pour que nos talents se déploient dans leur plénitude et leur beauté, le sentiment de « l'autre » doit disparaître. Ce sentiment empêche le cœur de s'exprimer.

Amma connaît un garçon très doué pour le chant. Il est doté d'une voix superbe mais quand il essaie de chanter en public, il est incapable de montrer son talent. Il se met à trembler, à transpirer, et chante faux. Pauvre garçon ! Dans sa peur d'être jugé, il est dominé par des pensées telles que : « Comment pourrais-je chanter devant tous ces gens ? Mon chant va-t-il leur plaire ? Vais-je chanter convenablement ? Sinon, que vont-ils penser de moi ? » Il lui est impossible de chanter devant un auditoire.

Voyez un *mahatma*. Il exprime son être entier, plein de charme et de beauté, quand il le veut. Rien ne le conditionne. Il n'a pas le sentiment de « l'autre » et il est sans crainte. Quel que soit le lieu ou le moment, il évolue librement au milieu des gens et se mêle à eux. Comment est-ce possible ? C'est qu'il voit en chacun son propre Soi. Pour lui, seul le Soi existe. »

Amma semblait parler d'elle-même. Quiconque l'observe remarque vite avec quelle liberté elle se mêle aux gens et s'adapte spontanément aux différentes situations, comme si tout lui était familier. Nul n'est pour elle un étranger, et les gens ne la perçoivent pas non plus le moins du monde comme une étrangère. C'est ce qui leur permet de s'ouvrir et de lui confier leurs joies et leurs peines : ils ont le sentiment qu'elle leur est très proche, qu'elle est leur. Et c'est la vérité — nul ne peut nous être plus proche qu'Amma — car elle est notre Soi le plus profond. Le sentiment de « l'autre » n'existe pas chez elle. Ayant transcendé toute peur, elle peut exprimer son être entier, quelle que soit la situation.

La solitude : plénitude ou manque

Question : « Quelle est la différence entre le fait de se sentir seul et la solitude, plénitude intérieure ? »

Amma : « La solitude intérieure vous aide à vous détendre et n'a rien à voir avec le fait de se sentir seul, qui naît lorsque vous êtes dominé par les pensées et les sentiments. Imaginez que vous meniez une vie de famille heureuse et que votre lieu de travail soit proche de votre maison ; vous aimez passer du temps avec votre famille. Brusquement, votre entreprise vous envoie pour deux ans à l'étranger et vous demande de partir sans délai. Votre famille ne peut vous accompagner. Vous quittez donc votre foyer pour aller vous installer dans un autre pays. Une fois là-bas, une grande tristesse s'empare de vous. Vous semblez perdre votre force et votre enthousiasme et ne cessez de songer à votre femme et à vos enfants. Vous souffrez de la solitude, et plus les êtres aimés vous manquent, plus vous devenez vulnérable. Quand vous vous sentez seul, vous êtes émotionnellement perturbé et cela vous rend faible, car vous êtes l'esclave du mental. Dans un tel état, face à une situation donnée, vous perdez facilement toute paix intérieure, incapable de garder votre équanimité. La solitude vécue comme un manque plonge un être dans l'agitation ; il est alors impossible d'être heureux ou en paix.

La solitude vécue en tant que plénitude, en revanche, s'épanouit au fond de vous ; elle permet de demeurer heureux et en paix quelle que soit la situation. Que vous soyez physiquement seul ou au milieu d'une foule de gens bizarres dans un pays étranger, vous êtes content et gardez votre spontanéité. Les émotions ne peuvent dominer une personne qui a développé cette plénitude intérieure. Elle ne se sent jamais triste ni vide. Dans cet état, rien n'entrave le flot spontané de son cœur.

Alors qu'on se sent seul quand on est esclave du mental, la plénitude intérieure est un état auquel on accède en maîtrisant le mental, en le transcendant. Le sentiment de manque est extérieur, il relève du mental et du corps. La plénitude est intérieure, elle appartient à l'*atman*. Le premier résulte de l'attachement, la seconde est le fruit du détachement. L'un vous plonge dans un état de ténèbres et de chagrin, l'autre apporte la lumière et l'amour dans votre vie.

La solitude ne consiste pas à se retirer dans un lieu isolé, d'une pittoresque beauté. Si nous ne sommes pas parvenus à la plénitude intérieure, nous aurons beau faire une retraite, nous ne serons pas à l'abri de l'agitation.

On se sent seul quand on est tendu et agité. Quand on est détendu, libéré de toute tension, on découvre une solitude qui est plénitude. La solitude vécue comme un manque ferme le cœur et vous prive de la possibilité de vous exprimer, tandis que la première vous permet de vous ouvrir pleinement et de vous exprimer avec naturel et spontanéité. Le fait de se sentir seul indique une personne liée au monde et à ses objets, esclave de ses désirs. La plénitude dans la solitude est le signe d'une âme libre de tout désir pour les objets et les plaisirs de ce monde.

Question : « Comment pouvons-nous atteindre cet état de solitude intérieure ? Comment abandonner les peurs et le sentiment de « l'autre » ? »

Amma : « Ce n'est possible que grâce à la méditation. Pour connaître une détente totale et accéder enfin à l'état de parfaite solitude, l'interférence du passé et du futur doit cesser. Le moment présent seul existe, lui seul devrait être vécu. La méditation est la technique qui nous enseigne à rester dans le moment présent.

En se concentrant par exemple sur une forme, sur un son ou sur une lumière, on apprend à rester constamment dans cet état de plénitude intérieur et à être heureux dans n'importe quelle situation. Reposer, content, dans son propre Soi, par le Soi et pour le Soi, voilà ce que l'on appelle solitude. Toutes les pratiques spirituelles ont pour but de nous permettre d'y accéder, en fixant notre mental sur un seul objet. En réalité, notre joie ne dépend d'aucun objet extérieur. Il faut devenir indépendant et ne dépendre que de son propre Soi, source réelle de toute joie. La présence d'un Maître est le lieu le plus favorable pour parvenir à cet état.

Ne confondez pas cette solitude avec le fait de se retirer dans un lieu tranquille et solitaire. Vous aurez beau vous retirer dans un lieu calme, une belle grotte dans l'Himalaya ou une forêt agréable et isolée du monde, si vous n'avez pas réussi à faire le silence mentalement, vous ne trouverez pas cette solitude intérieure. Si le mental est bruyant, vous resterez sous son emprise et sous celle de sa négativité, sans découvrir la véritable solitude.

Trois chercheurs spirituels partirent un jour dans la montagne pour se livrer à une sérieuse *sadhana*. Avant de commencer, ils firent vœu de garder le silence pendant trois ans. Puis ils se livrèrent à de sévères austérités. Un cheval passa près de leur ermitage. Il s'écoula près d'une année, et un beau matin, l'un d'eux dit : « C'était un beau cheval blanc. » Ce fut tout. Le silence retomba ensuite. Une autre année s'écoula, et un autre des chercheurs remarqua soudain : « Non, le cheval n'était pas blanc, mais noir. » Rien de plus. Silence de nouveau pendant une année. Le délai de trois ans écoulé, la troisième personne déclara : « Ça suffit ! Je quitte cet endroit immédiatement ! Vous deux n'avez aucune discipline et vous dérangez les autres par votre bavardage. »

Tout le monde se mit à rire.

« Mes enfants, cette solitude, on ne la trouve que quand le mental est tranquille et silencieux. Alors, la fleur enchanteresse de la paix et de la béatitude peut éclore. Une fois que vous avez atteint cette solitude intérieure, vous êtes toujours dans la béatitude et dans la paix, où que vous vous trouviez sur la planète ou dans n'importe quel autre monde, même dans les mondes inférieurs. Peu importe que vous soyez physiquement seul ou dans le lieu le plus bruyant du monde, vous êtes toujours joyeux et content.

Un *satguru* crée des situations qui vous permettent de trouver en vous-même cette solitude. Il n'enseigne rien mais en sa présence, les situations surgissent spontanément. C'est possible, parce que le maître est l'incarnation de « Cela ». C'est lui qui crée les situations qui vous permettront de croître spirituellement. Il vous aide à fermer les portes et les fenêtres de vos sens. Ceux-ci sont les portes ouvertes à l'égarement, ils vous éloignent de votre Soi. Vous ne pouvez voir le Soi à travers les portes et les fenêtres des sens. En vérité, vous n'avez pas besoin des sens pour Le voir.

Imaginez que vous viviez dans un cadre superbe et enchanteur. Vous désirez soudain contempler le magnifique paysage au-dehors. Vous ouvrez la porte et sortez vous promener, ou bien vous restez à l'intérieur et regardez par la fenêtre. Mais si vous voulez vous regarder, inutile de sortir. Vous pouvez fermer la porte et vous en éloigner, parce que vous savez bien que vous ne vous trouverez pas dehors ; vous êtes à l'intérieur. Vous avez besoin des sens pour percevoir le monde extérieur, mais ce ne sont pas des instruments adéquats pour percevoir le Soi ; Celui-ci ne se trouve pas dans le monde extérieur. On ne peut voir le Soi avec les yeux ni le percevoir au moyen d'aucun des sens, tous centrés sur l'extérieur, dans la direction opposée au Soi. Pour Le voir, il faut devenir aveugle ; il faut fermer les portes et cesser de vous concentrer sur l'extérieur car Il est à l'intérieur. Une fois que vous avez réalisé votre véritable Soi, libre à vous d'emprunter les portes des sens tant que vous voulez car vous ne percevez plus un monde de diversité : tout s'est transformé en une totalité. Mais pour que cela se produise, il faut devenir aveugle à ce monde de pluralité. Quand vous êtes aveugle au monde extérieur, même les yeux ouverts, alors l'œil divin, intérieur, s'ouvre, vous possédez un regard neuf : le troisième œil, celui de la connaissance infinie et de la sagesse. C'est ce que vous voyez dans les yeux d'un *mahatma*.

La méditation est la technique qui permet de fermer les portes et les fenêtres des sens afin de regarder à l'intérieur et de voir le Soi. Cependant, la vraie méditation n'est possible qu'en présence d'un *satguru*. Bien que vous le voyiez agir au niveau physique, un vrai maître est en constante méditation. Sa présence est le lieu le plus favorable à l'épanouissement du Soi. En sa présence, vous pouvez parvenir à cette solitude intérieure et vous libérer ainsi de toutes vos peurs et du sentiment de « l'autre ».

Amma fit une pause, et dans le silence de la nuit, elle se mit à chanter *Nila meghangale*.

Nilameghangale

Ô nuages d'azur
D'où vous vient aujourd'hui cette couleur bleue,
Le teint ravissant du fils de Nanda à Vrindavan ?

Avez-vous rencontré l'enfant Krishna ?
Vous a-t-Il parlé ?
Vous a-t-Il souri ?
De Ses yeux bleus comme le lotus,
Vous a-t-Il enveloppés
De la caresse de Son regard ?

Kanna vous a-t-Il dit
Quand Il viendrait à moi ?
Vous a-t-Il dit qu'Il m'accueillerait ?
Vous a-t-Il confié, pour apaiser mon mental,
Quelques paroles tendres et consolantes ?

L'effort personnel en présence du satguru

En entendant la voix d'Amma, d'autres résidents sortirent de leur hutte et vinrent s'asseoir auprès d'elle. Le chant terminé, elle resta tranquillement assise à contempler, au firmament, la lune et les étoiles qui scintillaient, innombrables. Au bout d'un moment, quelqu'un posa la question suivante :

« Amma, il semble que tout arrive naturellement en présence d'un *satguru*, sans aucun effort de notre part. Mais l'effort personnel n'est-il pas nécessaire pour que le troisième œil s'ouvre ? »

Amma : « Mes enfants, même l'effort personnel se produit spontanément en présence du maître, à condition que vous ayez l'attitude, la foi et la compréhension adéquates. Les situations créées par le *satguru* ne vous laissent pas le choix : l'effort personnel se produit sans que vous le sachiez. Comme le bouton s'épanouit en une fleur belle et parfumée, en présence d'un maître, on s'ouvre naturellement et spontanément.

Certes, l'effort personnel existe ; mais pour qu'il porte ses fruits, il faut savoir que faire et comment. Cela, seul un *satguru* peut nous l'accorder. Nous acquérons cette connaissance grâce à notre constante association avec le maître et ensuite, tout devient facile. Vous pensez qu'il est nécessaire de faire quelque chose pour parvenir à la libération ; mais le but de la relation entre *guru* et *sishya* est de montrer au disciple qu'il n'y a rien à faire, car *moksha* (la libération) ne vient pas ou n'entre pas en vous de l'extérieur ; elle fait au contraire intrinsèquement partie de vous-même, c'est quelque chose que vous êtes déjà.

Le mental ou le passé ne constitue pas le problème ; le problème, c'est votre identification au mental, au passé. L'attachement dépourvu d'intelligence, le sentiment du « moi et du mien », voilà le problème. Une fois que vous avez appris à retirer votre attachement et à rester témoin, votre manière de voir les choses change.

Amma a entendu une histoire qu'elle veut vous citer comme exemple. Une usine brûle. Le propriétaire est dans un état épouvantable, il pleure et crie comme s'il avait perdu la raison. « Tout brûle ! » s'exclame-t-il. « Toute ma fortune, tout ce que j'ai acquis au prix d'un dur labeur est perdu. Je suis ruiné ! » Soudain, un ami vient le trouver pour lui dire : « Pourquoi pleures-tu et te désespères-tu ? Ne sais-tu pas que ton fils a vendu l'usine hier ? Elle n'est plus à toi ! » Le bâtiment brûle toujours, la situation n'a pas changé, mais l'homme cesse aussitôt de pleurer. Son tourment a cessé. Il essuie ses larmes et sourit, soulagé. C'est alors que son fils arrive et lui dit : « Papa, pourquoi restes-tu planté là ? Ne vois-tu pas que l'usine est en feu ? Pourquoi ne fais-tu rien ? » Le père répond : « Que faire ? N'as-tu pas vendu l'usine ? » Mais le fils lui dit : « Non, père, nous l'avons presque vendue hier mais cela n'a pas marché et la vente ne s'est pas faite. » Dès qu'il apprend cette nouvelle, le père est de nouveau en proie au désespoir et se remet à pleurer.

Le bâtiment en flammes n'est pas la véritable cause de sa souffrance. L'idée que l'entreprise lui appartient, puis qu'elle ne lui appartient plus, le plonge dans deux états d'esprit tout à fait différents. Sa frayeur et son désespoir initiaux se transforment en joie et en soulagement, pour revenir au désespoir. La situation extérieure n'a pas changé, l'usine continue à brûler ; le changement se produit en lui. Quand il apprend que l'établissement a été vendu, il se détache, il est témoin de l'incendie. Mais quand il apprend que la vente a échoué, l'attachement qu'il éprouve le replonge dans le chagrin. En renonçant à tout attachement, il est possible de rester toujours calme. Cessez de vous identifier au monde créé par le mental et un monde nouveau s'ouvrira devant vous. Vous êtes en apparence toujours propriétaire d'une grande maison, d'une belle voiture et d'autres richesses, mais en réalité vous ne possédez rien. En ne laissant aucun objet matériel affecter votre vie, vous devenez leur maître.

Ne croyez pas que vos souvenirs disparaîtront lorsque vous atteindrez l'état de perfection. Non, ils seront toujours là, mais vous ne vous identifierez plus jamais à eux. Une fois que vous cessez de vous identifier au passé, il n'est plus qu'une réserve de souvenirs. Considérez-le comme un entrepôt et non comme votre foyer. Si vous avez besoin d'utiliser un souvenir, vous allez puiser dans la réserve et dès que vous avez ce qu'il vous faut, vous quittez les lieux. Vous n'y habitez pas, c'est ce qu'il faut comprendre. Ne passez pas votre vie dans le magasin de votre passé car ce n'est pas votre foyer. Sortez-en et vivez dans la lumière, l'amour et la liberté qui sont votre demeure. Tel est le message d'un maître. Il suffit pour apprendre cela de rester en sa présence. Nulle part ailleurs il n'est possible de recevoir cet enseignement.

Chapitre 8

Le travail comme adoration

Ce matin, le travail de construction de la nouvelle salle de prière avait commencé tôt. Presque tous les résidents de l'ashram travaillaient dur, transportant le béton dans des plateaux métalliques qu'ils se passaient en faisant la chaîne. Amma arriva bientôt sur les lieux et s'apprêtait à participer au travail quand Balou la pria de n'en rien faire : « Amma, c'est du béton. S'il te plaît, ne fais pas ce travail ! Pourquoi t'en inquiètes-tu alors qu'il y a tant de gens ici pour le faire ? Amma, le béton te brûlera la peau si jamais tu t'éclabousses. »

Amma répliqua : « Cela te brûlera aussi, pas seulement Amma. »

Mais Balou insista : « Amma, je t'en prie, ne fais pas cela ! Nous allons le faire. »

Amma lui sourit et dit : « Fils, Amma est heureuse de faire n'importe quel travail. Dès le plus jeune âge, elle a dû travailler dur. Son corps n'a jamais connu le repos. Ne t'inquiète pas. »

D'autres résidents s'efforcèrent aussi de dissuader Amma de participer à ce travail. Mais elle fit la sourde oreille à leurs prières. Avec un sourire radieux, elle se noua un tissu autour des cheveux et se mit à travailler aux côtés de ses enfants. Elle souleva un récipient de métal rempli de béton, le mit sur sa tête et s'en alla.

Tout le monde était plongé dans le travail quand un des plateaux remplis de béton glissa des mains d'un *brahmachari* et tomba lourdement sur le sol. Il se recula à temps pour ne pas recevoir l'objet sur les pieds, mais le ciment, en tombant, fit quelques éclaboussures sur le visage d'Amma. Le *brahmachari* dit : « Amma, je t'en

prie, pardonne-moi mon manque de *shraddha*(concentration). »
Amma lui sourit en disant : « Aucun problème ! Cela fait simplement partie du jeu. » Elle s'essuya le visage avec une serviette
que lui tendit un *brahmachari* et se remit à travailler en chantant
« *Om namah Shivaya* » que tous reprirent en chœur. Elle chanta
ensuite *Adiyil parameswariye*…

Adiyilparameswariye

Ô Déesse suprême et primordiale,
Mère de l'univers,
Je n'ai en ce monde
Pas d'autre but que Toi.

Ô Mère aux yeux magnifiques
Comme les pétales du lotus bleu,
Toi qui supportes les trois mondes,
Toi qui demeures dans la fleur de lotus,
Maya, Ô Enchanteresse,
Source de toute chose,
Délivre-moi de la souffrance.
Ô Toi qui es miséricordieuse,
Destructrice de l'avidité,
Tu nous fais traverser le monde de la transmigration,
Je T'en prie, protège-moi.
Ô Mère, Toi qui accordes la dévotion et la libération
Ô Katyayani, dont la réputation s'étend au loin,
Je me prosterne devant Toi.

Ô Déesse de la Terre,
Tu es sagesse et connaissance,
Seul bonheur et seule nourriture
De toute la création.
Ô Toi qui exauces les désirs,

Délivre-moi de l'orgueil,
Demeure en moi et libère-moi de tout désir.

Amma travaillait sous un soleil brûlant. Un dévot essaya de la protéger des rayons ardents à l'aide d'un parapluie, mais elle refusa avec amour et s'éloigna en disant : « Non, non ! Comment Amma pourrait-elle se mettre à l'abri sous un parapluie alors que ses enfants sont en plein soleil ? »

Il faisait de plus en plus chaud. Des perles de sueur roulaient sur le beau visage d'Amma. Cela faisait deux heures qu'elle travaillait sans relâche, mais pas un instant son sourire n'avait disparu. Elle s'essuya le visage à l'aide d'une serviette en disant : « Mes enfants, en travaillant, efforcez-vous de sentir la présence de Dieu partout. Imaginez que ceux qui travaillent avec vous sont des étincelles du Divin. Dieu porte du sable ; Dieu passe le béton à Dieu ; la maçonnerie, ceux qui préparent le ciment, les récipients métalliques, tout est rempli de conscience divine. Efforcez-vous de travailler en cultivant ce sentiment. Ainsi, vous ne perdrez pas votre temps. »

Amma se remit au travail. Un moment, elle posa le récipient métallique par terre. Elle était si mignonne et jolie avec le tissu enroulé en turban autour de sa tête, que certains s'arrêtèrent de travailler rien que pour la regarder. Leur visage s'éclaira d'un sourire.

C'est alors qu'un groupe de jeunes gens qui révéraient Amma depuis longtemps arriva pour la voir. Ils avaient amené avec eux quelques nouveaux visiteurs. Amma enleva son turban et se dirigea vers le nouveau hall de méditation. Balou et deux autres *brahmacharis* se joignirent au groupe, sachant qu'Amma ne manquerait pas de parler de spiritualité avec ces jeunes, des chercheurs sincères.

Ils se prosternèrent devant Amma, puis l'un d'entre eux dit : « Amma, tu sembles avoir travaillé pendant longtemps. Tu dois être fatiguée. »

« Fils, » répondit Amma, « on ne ressent la fatigue que lorsqu'on agit sans amour. Quand on est animé par l'amour, on ne peut éprouver ni fatigue ni ennui. »

Après quelques échanges superficiels, l'un des nouveaux venus posa une question.

Que vous soyez croyant ou non, votre nature divine demeure

Question : « Amma, la spiritualité nous recommande d'éliminer l'ego. Mais à quoi sert-il de lâcher l'ego ? Je crois que l'ego est utile ; il a sa raison d'être. Ce monde magnifique existe grâce à l'ego. S'il disparaît avec lui, je préfère m'accrocher à mon ego. Si j'ai le choix, je le garde et je ne le lâcherai pas. »

Amma : « Fils, on ne peut forcer personne à lâcher son ego. Chacun le considère comme un trésor précieux ; il n'est jamais agréable de l'abandonner. Cependant, pour un être libéré de l'ego, le monde ne disparaît pas, comme tu pourrais le croire. Le monde existe toujours mais un changement se produit en toi. Un voile est levé. Tu contemples alors la création avec l'émerveillement et l'innocence d'un enfant.

Lorsque tu réalises le Soi, c'est comme si l'univers entier atteignait la réalisation car dans cet état, la nature omniprésente de l'*atman* se révèle à toi. C'est lui que tu vois, que tu perçois partout. Quand se lève l'aube de la réalisation, tu constates que tout est rempli de Conscience divine, que chaque être humain, que tout dans la création est déjà divin. La seule différence est que, contrairement aux autres, tu es conscient de ton unité avec le Divin et de la leur. Il s'agit simplement de dévoiler la vérité.

Fils, que tu lâches l'ego ou non, le Divin est ta véritable nature. Rien ne peut altérer cette vérité. Tu peux bien persister à dire : « Je suis l'ego, le corps, le mental et l'intellect, » cela n'y changera rien.

Ton manque de compréhension n'affecte pas le moins du monde ta véritable nature. C'est comme si tu affirmais que la terre est plate et non pas ronde. Si tu enseignes partout que la terre est plate, en croyant qu'il s'agit de la vérité, cela va-t-il changer la forme de la terre ? Bien sûr que non. De même, libre à toi de croire que tu es l'ego et que l'ego est réel, mais tu resteras néanmoins ce que tu es : le Soi (*atman*). Ton incroyance ne changera rien à ta nature divine et ne lui enlèvera rien.

Si quelqu'un croit que le feu est froid et que la glace est chaude, le feu devient-il froid et la glace chaude ? Non, ce serait impossible. Il en va de même de toi et de ta nature réelle.

Tu peux objecter que la forme ronde de la Terre et que les températures du feu et de la glace sont des faits objectifs, tandis que le Soi, notre vraie nature, est un objet de foi. Fils, avant que la forme ronde de la Terre ait été prouvée, c'était bien une croyance fondée sur la foi, n'est-ce-pas ? Il y avait une différence d'opinion entre les scientifiques à ce sujet. Certains croyaient que la Terre était plate. Preuve fut faite ensuite que sa forme est ronde ; mais auparavant, cette question demeurait un mystère, une question de foi. Avant que les scientifiques puissent prouver quoi que ce soit, ils croient. Ils travaillent sur la base de certaines hypothèses, et quand leurs expériences en ont apporté la preuve, ils les déclarent vraies. Tout est donc une question de foi, jusqu'à ce qu'on en ait l'expérience directe ou la preuve scientifique.

Comme les chercheurs ont prouvé leurs différentes théories grâce à leurs travaux en laboratoire, les saints et les sages, qui ont travaillé dans leur laboratoire intérieur, ont fait l'expérience directe du Soi, de l'ultime réalité. Il ne s'agit pas de l'expérience d'une ou deux personnes en un lieu donné, à un moment de l'histoire, mais de celle de tous les êtres sur cette planète qui ont exploré leur Soi. On ne peut pas nier l'authenticité de cette expérience en déclarant qu'il s'agit d'une simple croyance, qui ne se fonde pas sur des faits. »

Seul un bouton de fleur peut éclore

« Garde ton ego si tu le désires et ne le lâche pas. Personne ne te forcera à l'abandonner parce que la force est inopérante. Pour que les pétales d'une fleur se déploient, il faut que le bouton s'ouvre naturellement, sans force extérieure. Seul le processus naturel de l'éclosion révèle la beauté et le parfum d'une fleur. Si vous vous impatientez et ouvrez les pétales de force, la fleur mourra. La force ne fera que détruire le processus intérieur de l'éclosion.

Quand un bouton est resté fermé pendant longtemps, il éprouve un désir intense de s'ouvrir, de sortir et de danser joyeusement aux quatre vents. L'étape du bouton est comme une prison. La prison fait naître l'aspiration à la liberté ; elle crée une soif brûlante de briser les chaînes et de sortir. On peut affirmer qu'il s'agit d'une loi incontournable : pour goûter vraiment la joie de la liberté, il faut d'abord connaître les fers et la prison, car seul un bouton de fleur peut éclore. Avant que la fleur ne s'ouvre, il lui faut passer par le stade du bouton. Le besoin de s'ouvrir naît pendant cette période.

Ainsi ton cœur, lorsqu'il est fermé, est appelé ego. Avant de s'ouvrir, le bouton pense peut-être un temps : « Je suis un bouton et j'aime cela. Ce monde est si beau ! Si j'avais le choix, j'aimerais mieux rester ici. Ils disent qu'il existe un stade bien supérieur qui consiste à être une fleur, belle et odorante. Ils parlent des pétales colorés et du parfum unique que je possède. Mais moi je n'en sais rien ; je me trouve bien et en sécurité tel que je suis. En vérité, j'ai peur de changer... »

Tu peux rester où tu es et discuter tant que tu veux, mais cela ne durera guère. Le bouton se sentira bientôt mal à l'aise — un peu agité, une légère suffocation — et ce malaise ne fera que s'intensifier. Il étouffe de plus en plus et une soif inextinguible de sortir et de se libérer s'empare de lui ; peu à peu, ces sentiments le mènent à un épanouissement complet.

Le cœur en bouton, c'est l'ego. Tu éprouves la même agitation que le bouton de fleur : « Ce monde est beau tel qu'il est. J'ai peur qu'il ne disparaisse. Si j'ai le choix, je préfère m'accrocher à l'ego. » Tu peux raisonner ainsi, pas de problème ; mais tu auras beau discuter, le fait est que tu es une fleur en puissance. C'est la nature de tous les boutons du monde ; il en est peut-être au stade du bouton mais la fleur n'en existe pas moins, cachée à l'intérieur. Au cœur de chaque bouton fermé, il y a une fleur qui attend de s'épanouir, c'est indéniable. Tu auras beau être sceptique, nier cette réalité, tes pensées n'ont pas le pouvoir de changer la vérité. Tes pensées et tes doutes appartiennent au mental. Non, la vérité n'est pas modifiable. La vérité reste la vérité, indiscutable et immuable.

En un sens, il est bon de rester aussi longtemps que possible en bouton, à l'état fermé de l'ego, car plus tu restes longtemps dans cet état, plus ton aspiration à en sortir est forte. Chaque jour de prison intensifie ton aspiration à jouir de la béatitude de la liberté. De même, plus tu restes dans la coquille fermée de ton ego, plus tu accumules d'élan pour que la percée finale se produise. C'est donc un bien. Ne te presse pas, reste dans ta coquille et continue à raisonner aussi longtemps que tu veux. C'est bon signe car cela signifie que tu approches de l'éclosion.

Mais rappelle-toi : personne ne va te forcer à éclore ; impossible de te contraindre à lâcher l'ego. Si tu choisis de t'y accrocher, libre à toi. Tu préfères le monde obscur du bouton ; tu t'y sens à l'aise. Ton mental est si bien habitué aux ténèbres à l'intérieur du bouton fermé que, dans ton ignorance, tu crois que l'obscurité contient la lumière dont tu as besoin. Tu ne sais pas que la pâle lumière que tu reçois est constituée des quelques malheureux rayons qui parviennent à entrer par les minuscules fentes du bouton, un peu comme la lumière blafarde d'un donjon.

C'est comme si tu avais passé trop longtemps dans un cachot : tu as oublié la vraie lumière. « Cette prison me suffit bien, » songes-tu. « Il n'existe pas de lumière plus éclatante. Je ne veux rien d'autre. » Même si quelqu'un venait te parler du soleil lumineux qui brille au-dehors, tu dirais : « Non, ce n'est pas possible. » Le soleil existe pourtant et sa lumière est réelle. Comment cesserait-il d'exister, simplement parce que tu en nies la réalité ? Le problème est en toi et n'a rien à voir avec le soleil ou sa lumière. Il te faut sortir et faire l'expérience de cette lumière. Mais tu te sens en sécurité dans ta prison et tu as peur d'en sortir. Tu as peur de ce qui arriverait si tu la quittais. Ton inquiétude est compréhensible, car tu ignores tout de ce qui existe à l'extérieur du donjon. Dans ta situation, tu n'as pas d'autre source d'information que les paroles de la personne qui te dit : « Regarde, mon ami, il existe au-dehors un monde merveilleux, radieux ! La lumière du soleil, des montagnes et des vallées superbes, des rivières étincelantes, des arbres en fleurs, tu peux admirer tout cela et, la nuit, la lune et la voûte étoilée. Suis-moi. Je sais, parce que je vis là-bas. Viens, mon ami, je vais t'aider à te libérer. » Il suffit de lui faire confiance et de croire en ses paroles. Abandonne-toi à lui et fais courageusement quelques pas, afin de découvrir ce dont il parle. Il dit : « Mon ami, tu n'es pas libre du tout ; tu es en prison, lié par des chaînes. Suis-moi et je te montrerai le chemin de la liberté. Prends ma main et je t'y conduirai. »

Rien n'arrivera si tu résistes en disant : « Non, ce n'est pas vrai ! Cette tour est le plus beau monde qui existe. Je préfère être ici. Cette lumière est la seule lumière et pour moi, il n'existe ni soleil, ni lune, ni étoiles. »

Cependant, tôt ou tard, la prison elle-même ne manquera pas de créer en toi un besoin instinctif, une aspiration à connaître la béatitude de la liberté. Tout être humain, consciemment ou inconsciemment, a le désir d'être libre et en paix en toutes circonstances. Une percée doit donc se produire à un moment ou à un autre.

La coquille de l'ego, que nous avons sécrétée nous-mêmes, doit se briser pour que le cœur s'exprime pleinement.

Mais l'ego ne peut être brisé que par la souffrance de l'amour. Comme la jeune plante pousse quand l'enveloppe extérieure de la graine s'ouvre, le Soi se déploie quand l'ego se brise et disparaît. Quand une atmosphère favorable a été créée, l'arbre en puissance que recèle la graine commence à se sentir à l'étroit dans sa prison. Il aspire à sortir dans la lumière et à être libre. C'est le désir intense de l'arbre latent qui brise l'enveloppe. Lorsque l'enveloppe craque, la souffrance est inévitable. Mais elle n'est rien en comparaison de la glorieuse apparition de l'arbre. Lorsque le plant sort de terre, l'enveloppe devient insignifiante. De même, une fois que l'on est parvenu à la réalisation du Soi, l'ego perd toute importance.

Fils, si tu crois que l'ego est si précieux, tu peux le garder. Mais ton tour viendra. Ton cœur fermé, ton ego, ne peut rester fermé pour toujours ; il lui faudra s'ouvrir. Cependant aucune force ne peut être employée pour qu'il éclose.

Ne crois pas que le monde disparaîtra une fois que tu seras sans ego, une fois que le bouton de l'ego se sera transformé en fleur de la réalisation. Le monde restera tel qu'il est mais tu le verras d'une manière différente. Un monde nouveau s'ouvrira devant toi, un monde de merveilles et de céleste beauté se dévoilera en toi.

À l'intérieur du bouton de l'ego, tout est sombre et étroit. Quand le bouton cède et que la fleur émerge, tout devient beau et s'illumine de la plus splendide lumière. Tu sors des ténèbres pour entrer dans la lumière radieuse, pour passer de la prison à la liberté, de l'ignorance à la connaissance véritable. Ce monde de diversité laisse place à l'unité. Cela se produit à l'intérieur de toi, non à l'extérieur. »

La présence du maître suffit

Question : « Amma, tu as dit que l'éclosion ne peut être forcée. Que fait donc le maître pour que cette ouverture se produise ? »

Amma : « Un vrai maître est une présence, la présence de la conscience divine. Il ne fait rien. En sa présence, tout arrive naturellement, sans effort de sa part. Il n'y a d'effort que quand il y a un ego. Un maître n'a pas d'ego, il n'y a donc aucun effort de sa part. Même les situations qui permettent au chercheur de plonger dans sa propre conscience surgissent spontanément en présence du maître. C'est ainsi et il ne peut en être autrement. Le soleil ne fait aucun effort pour produire sa lumière et cependant, il ne peut s'empêcher de briller. Une fleur ne fait aucun effort pour être parfumée, cela fait partie de sa nature. Une rivière ne fait aucun effort pour couler, elle coule et c'est tout. Tout est naturel. Les êtres humains créent des objets artificiels mais la nature est toujours spontanée. De même, le Maître parfait ne fait rien de particulier pour créer une situation favorable à votre progrès. Sa simple présence fait arriver spontanément les événements nécessaires. Il n'y a pas d'effort de sa part. Sa présence est l'atmosphère la plus favorable pour que votre cœur s'ouvre. C'est ainsi.

Le soleil ne fait rien de particulier pour que la fleur de lotus s'épanouisse. Il brille dans le ciel et son existence suffit pour que les lotus des étangs et des lacs de toute la terre s'épanouissent. Le soleil ne fait rien, il se contente de briller. De même, la présence d'un *satguru* est comme le soleil radieux qui fait s'épanouir le lotus de notre cœur. Il n'est pas question de force. Son amour et sa compassion infinis ont le pouvoir de faire fondre le roc de l'ego. L'ego fond et c'est un flot d'amour suprême qui jaillit. Le maître ne fait rien.

D'énormes blocs de glace fondent à la chaleur du soleil. Les glaces de l'Himalaya fondent au printemps pour s'écouler dans les vallées. Elles deviennent des rivières et des fleuves où les gens peuvent se désaltérer, dans lesquels ils peuvent se baigner. La présence du *satguru* peut facilement faire fondre notre ego dur comme un roc et engendrer un flot merveilleux d'amour universel et de compassion.

La présence du maître n'implique aucun effort. Il se contente d'être là. En sa divine présence, tout arrive naturellement. La terre ne nous impose rien, pas plus que le soleil, la lune ou les étoiles, ni rien dans la nature. Tout se contente d'exister. Seuls les êtres humains égoïstes tentent mutuellement de s'imposer des choses.

Tant que l'on est identifié au corps, on essaie de forcer les choses ; mais une fois que l'on a transcendé le corps, on ne peut plus rien imposer. Lorsqu'on transcende le corps, que l'on n'a plus de corps, cela signifie que l'on n'a plus d'ego. L'usage de la force devient alors impossible.

Grâce à la présence du soleil dans le ciel, d'innombrables choses se produisent sur terre. Le soleil est la source d'énergie qui permet à la création d'exister. Sans lui, sans ses rayons, les humains, les animaux et les plantes ne pourraient vivre. Mais le soleil n'impose rien à personne. Il est, et sa simple existence entraîne tout le reste.

C'est la même chose avec un *satguru*. Le soleil que nous voyons dans le ciel n'est qu'une petite manifestation de la Conscience infinie. La puissance du soleil n'est qu'une fraction minuscule de l'ensemble de l'énergie cosmique. Mais le Maître est *purnam* (le Tout). Il est cette Conscience infinie elle-même. Ce qui est nécessaire aux êtres humains pour évoluer se produit automatiquement en sa présence. Il n'a pas besoin de faire usage de la force.

Un maître parfait est la totalité de la vie, manifestée dans une forme humaine. En sa présence, vous faites l'expérience de la vie dans toute son intensité et son bouillonnement.»

Tous écoutaient les paroles d'Amma avec une concentration et une attention intenses. C'était comme si la fontaine de connaissance coulait de sa source même, comme le Gange sacré descendant des cimes de l'Himalaya vers les vallées et permettant à chacun de se baigner dans ses eaux douces et bénies. Les auditeurs, contemplant le visage radieux d'Amma, entrèrent peu à peu dans une profonde méditation. Ils ne reprirent conscience de leur environnement que plus tard, quand Amma se mit à chanter un *kirtan*. Elle chanta *Kodanukoti*, créant ainsi des vagues de béatitude et d'amour suprême.

Kodanukoti

Ô Vérité éternelle,
L'humanité Te cherche
Depuis des millions d'années.

Les anciens sages renoncèrent à tout,
Et pour se fondre dans Ton flot divin,
Ils méditèrent
Et se livrèrent à d'interminables austérités.

Ta flamme infinie,
Inaccessible à tous,
Brille avec l'éclat du soleil ;
Elle reste immobile, sans un mouvement,
Dans la tourmente furieuse du cyclone.

Les fleurs et les plantes,
Les autels et les temples
Aux piliers sacrés récemment sanctifiés,

Tous T'attendent depuis des éons,
Mais Tu restes toujours inaccessible.

Amma garda un moment le silence, contemplant le ciel, puis elle continua sa conversation douce et profonde.

L'amour ne peut exister qu'en l'absence de la force

La vraie vie, l'existence réelle, pourvue de sens, a presque disparu de la surface de la Terre. Les êtres humains et la société sont devenus mécaniques et dénués de sensibilité. Partout, le négoce et la compétition dominent. On les retrouve même au sein de la famille, où devrait régner une sollicitude et un amour profonds et où la vie devrait être vécue dans sa plénitude. L'être humain, dans son égoïsme et son avidité, dans son manque d'amour et de compassion, est devenu une machine dépourvue de cœur, qui ne sait que forcer et imposer.

Le mental mécanique des humains aime user de la force. Nous avons grandi accoutumés à l'égoïsme, à la compétition, à la colère, à la haine, à la jalousie et à la guerre. Notre familiarité avec l'amour n'est que superficielle. Nous sommes plus habitués aux tendances négatives et ne savons que forcer et imposer. Mais la force ne laisse à l'amour aucune possibilité de se développer.

Seules la colère et la haine peuvent employer la force. Prenez la guerre par exemple. La guerre est un usage extrême de la force. Elle est la somme totale de la colère, de la haine, du désir de vengeance et de tous les sentiments négatifs d'une population. Quand le mental collectif d'un pays entre en éruption, comme un volcan, nous appelons cela la guerre. Les pays en guerre tentent de s'imposer mutuellement leurs conditions et leurs idées.

L'amour ne peut rien imposer par la force, car il est la présence de la pure Conscience. Et cette présence ne sait pas forcer ; elle est, simplement.

L'amour réel ne pose pas de conditions. Poser des conditions signifie forcer. Mais là où règne l'amour, rien ne peut être forcé. Les conditions n'existent que là où règne la division. On utilise la force quand la dualité existe, le sens du « mien et du tien ». Vous employez la force parce que vous percevez l'autre comme différent de vous. Mais quand il n'y a que l'Un, aucun usage de la force n'est possible. L'idée même de force disparaît dans cet état. Alors, vous êtes simplement. L'énergie universelle de vie coule à travers vous ; vous devenez un passage ouvert. Vous laissez la conscience suprême vous prendre en charge. Vous ôtez tout ce qui faisait obstacle au courant, détruisez les retenues que vous aviez créées et laissez la rivière de l'amour universel suivre son cours.

Ainsi brille le soleil, ainsi souffle le vent

C'est comme si vous vous étiez enfermé dans une pièce pendant longtemps ; et maintenant, enfin, vous ouvrez portes et fenêtres. Vous gémissiez en disant : « Pourquoi le soleil ne brille-t-il pas dans cette pièce ? Et pourquoi n'y a-t-il pas un souffle d'air? » Mais maintenant, vous comprenez ce qui faisait obstacle à la lumière et au vent. Le soleil a toujours brillé, le vent a toujours soufflé. Assis dans la pièce, portes et volets fermés, vous vous lamentiez en les accusant de ne pas arriver jusqu'à vous. Vous saisissez maintenant que c'était entièrement votre faute, et non celle des éléments. Ouvrant portes et fenêtres, vous laissez entrer l'air et la lumière.

Quand vous vous ouvrez, vous découvrez que le soleil brillait, que le vent soufflait, portant le doux parfum du Divin. Il n'y a pas de conditions et aucune force n'est employée. Permettez simplement à la porte de votre cœur de s'ouvrir, cette porte qui n'a jamais été fermée. Elle est toujours demeurée ouverte mais dans votre ignorance, vous l'avez crue fermée.

L'expression commune est : « Je t'aime ». Mais au lieu de dire : « Je t'aime » il vaudrait mieux dire : « Je suis l'amour, je suis l'incarnation du pur amour. » Ôtez le « moi » et le « toi », vous trouverez alors qu'il n'y a que l'amour. C'est comme si l'amour était emprisonné entre « moi » et « toi ». Enlevez-les, car ils n'ont pas de réalité. Ce sont des murs irréels que vous avez construits. L'abîme entre « moi » et « toi » est l'ego. Une fois l'ego détruit, la distance est annihilée, « moi » et « toi » disparaissent aussi. Ils se fondent pour devenir un — et c'est l'amour. C'est vous qui prêtez au « moi » et au « toi » leur réalité. Retirez-leur votre soutien et ils disparaîtront. Vous saurez alors que ce n'est pas « Je t'aime » mais « Je suis cet amour universel. »

Mes enfants, si vous traversez des moments difficiles dans la vie, pensez : « Je n'attends pas d'amour des autres, car je n'en ai pas besoin. Je suis l'amour même. Je suis une source inépuisable d'amour, qui donnera toujours de l'amour et rien que de l'amour, à tous ceux qui viennent à moi. »

La présence d'un maître parfait est la présence de l'amour divin. Celui-ci ne peut employer la force ; il est simplement là pour votre bien. Même l'amour ordinaire ne peut être forcé ; que dire donc de l'amour divin, qui est au-delà de toutes les limites ?

Quand deux personnes tombent amoureuses l'une de l'autre, elles ne discutent pas les termes et les conditions de leur relation avant de s'aimer. Si un tel échange avait lieu, l'amour ne pourrait naître. Quand les amoureux se voient, leur cœur déborde spontanément ; ils sont irrésistiblement attirés l'un vers l'autre. Il n'y a aucun effort, aucune force, ni paroles ni conditions. L'amour naît quand on ne force rien, quand on est totalement présent sans aucun sens du moi et du mien pour bloquer le courant d'amour.

Le moindre usage de la force détruit la beauté de l'amour, et empêche celui-ci de naître. »

Chapitre 9

Ressentez la douleur de ceux qui souffrent

Ce matin pendant le *darshan*, une dévote dont l'apparence indiquait la pauvreté pria Amma les larmes aux yeux : « Amma, une terrible épidémie touche la volaille de mon village, et mes propres poules l'ont attrapée. Amma, je t'en prie, sauve-les ! »

Un *brahmachari* assis auprès d'Amma n'apprécia pas cette prière. Il songea : « Quelle plainte stupide ! Il y a tant de monde aujourd'hui ! Au lieu de quitter la hutte dès qu'ils se sont prosternés, pourquoi les gens ennuient-ils Amma avec des requêtes aussi triviales ? » Au moment où cette pensée lui traversait l'esprit, Amma, occupée à consoler la femme, lui lança un regard sévère en disant : « Apprends à comprendre les chagrins et les sentiments d'autrui. » Le *brahmachari* pâlit. Il fut stupéfait de voir qu'elle pouvait détecter instantanément son erreur en lisant dans ses pensées.

Amma consola la dévote, à sa manière spontanée et affectueuse. Elle lui donna de la cendre sacrée pour traiter ses poules malades. La femme sourit, soulagée, puis, toute joyeuse, quitta la hutte dès que son *darshan* fut terminé. Après son départ, Ammase tourna vers le *brahmachari* et dit : « Mon fils, tu ne peux comprendre la souffrance de cette femme. Connais-tu les difficultés et les malheurs que les gens endurent en ce monde ? Si tu en avais une idée, tu ne tiendrais pas sa plainte pour stupide ou insignifiante. Tu n'as jamais connu les soucis de la vie. Tu ne comprendras l'inquiétude de ma fille au sujet de ses poules qu'en traversant toi-même la souffrance. Son seul gagne-pain est de vendre les œufs de ces poules. Si elles meurent, sa famille n'aura plus rien à manger. Ces volailles sont tout pour elle, toute sa fortune. Quand Amma songe à la vie difficile de cette femme, son inquiétude ne lui paraît pas le moins du monde insignifiante. Avec le peu d'argent qu'elle parvient à mettre de côté sur la vente de ses œufs, elle vient voir Amma une ou deux fois par mois. Comme Amma est consciente de ses difficultés, l'ashram lui donne parfois de quoi payer son voyage en bus. Sa vie est dure, mais considère son abandon d'elle-même et son amour pour Amma. Efforce-toi de voir sa simplicité et son innocence et d'en tirer un enseignement. Quand Amma pense à de telles personnes, son cœur fond et il lui est difficile de retenir ses larmes. Ceux qui ont toujours eu de la nourriture en abondance ne comprennent pas la souffrance des affamés.

Tu sais, fils, il y a en ce monde trois sortes de personnes. Il y a ceux qui n'ont rien ; puis ceux qui s'en sortent tout juste et enfin ceux qui ont beaucoup plus que le nécessaire. Si ceux de la troisième catégorie ne font rien pour aider ceux des deux premières, alors selon Amma, bien qu'ils soient censés être riches, ils sont en réalité les plus pauvres de tous. Ceux qui nagent dans le superflu devraient avoir des yeux pour voir la souffrance d'autrui, des oreilles pour entendre les appels à l'aide de ceux qui sont dans la détresse. Ils devraient avoir un cœur aimant, plein de compassion pour ceux qui souffrent, et des mains prêtes à aider ceux qui en ont besoin. Mes enfants, écoutez les appels à l'aide des désespérés ! Aucune souffrance n'est insignifiante. Pour entendre vraiment leur douleur, il faut un cœur rempli de compassion, un cœur qui vous permette de voir et de sentir la souffrance d'autrui comme si elle était vôtre. Efforcez-vous de vous mettre à leur niveau et de sentir la vibration de leur cœur douloureux. Si vous n'en êtes pas capable, alors toutes vos pratiques spirituelles sont vaines. »

En entendant les paroles si fortes d'Amma, le *brahmachari* fut rempli de remords. Les larmes aux yeux, il demanda pardon pour l'erreur qu'il avait commise.

Depuis le début du *darshan*, un jeune dévot regardait Amma avec une grande intensité. Il venait de Nagpour, où il était maître de conférences à l'université. Le jour de son arrivée à l'ashram, il était pressé et dit : « Je veux juste aller au *darshan* d'Amma, ensuite je repars. J'ai des affaires urgentes à régler dès mon retour à Nagpour. « Mais plusieurs jours s'étaient maintenant écoulés, et il était toujours là. Amma dit aux autres dévots : « Chaque jour il vient dire à Amma qu'il s'en va, et elle lui en donne la permission. Amma lui dit : « Bien, fils, pars et reviens. » Mais il est toujours là. »

Le jeune homme, qui ne parlait pas malayalam, ne comprit pas ce qu'elle disait. Mais comme tout le monde le regardait, il devina qu'il était question de lui. Un dévot vint à son aide et lui traduisit les paroles d'Amma. Il répondit : « Je ne m'en vais plus du tout. Il n'est donc pas question de faire un aller-retour. »

Amma répondit en souriant : « Mais Amma connaît aussi le moyen de te faire partir. »

Cette remarque fit rire tout le monde.

Le *darshan* reprit et les *brahmacharis* chantèrent *Premaprabholasini…*

Premaprabholasini

Ô Déesse,
Toi qui jouis de la béatitude immortelle,
Tu Te délectes de l'éclat de l'amour
Et Ton sourire fleuri
Irradie la lumière de la béatitude.

Tu es celle qui, avec les vagues du fleuve
de la béatitude immortelle,

Caresse ceux qui cherchent le chemin d'une vie
Que n'effleure pas la crainte du péché.

Tes pieds de lotus, baignés par la lumière du Soi suprême
Accordent de bons auspices
En détruisant les liens du devenir.

Toi que mon cœur vénère, devant qui je me prosterne,
Illumine-moi de cette lumière indestructible
Afin que je me fonde dans l'âme universelle.

Le sentiment d'être enchaîné

Un *brahmachari* demanda : « Amma, les Écritures disent que le sens du « moi » et du « toi » est irréel, que nous construisons un mur qui n'existe pas et auquel nous-mêmes prêtons réalité. S'il est irréel et si tout est un, pourquoi, alors, éprouvé-je cette différence ? »

Amma : « C'est l'ignorance de ton unité avec le Tout qui en est la cause. En réalité, il n'y a pas de chaînes qui te lient, pas de mur qui te sépare de ta nature divine. Le mur, ou les chaînes, sont des illusions créées par le mental. Détruis l'illusion, et ton mental disparaîtra du même coup.

Il était une fois un jeune bouvier qui menait chaque matin les vaches au pré et les ramenait le soir à l'étable. Avant de les quitter pour la nuit, il s'assurait que chacune était bien attachée à son piquet. Un soir, il découvrit que l'une des vaches n'avait plus de corde. Le garçon ne savait que faire. Il ne pouvait la laisser libre, car elle se serait sans doute sauvée et égarée ; mais il faisait déjà nuit et il était trop tard pour aller se procurer une autre corde. Le garçon alla trouver le moine responsable et lui demanda conseil. Celui-ci répondit : « Ne t'inquiète pas. Retourne auprès de la vache, mets-toi près d'elle et fais semblant de l'attacher. Assure-toi qu'elle te voit, et cela suffira. Elle restera où elle est. » Le garçon retourna à l'étable et fit ce que le moine lui avait dit. Il feignit d'attacher la vache au piquet. Lorsqu'il revint le lendemain matin, il fut étonné de constater qu'elle n'avait pas bougé de la nuit. Il les détacha toutes comme d'habitude et s'apprêtait à partir vers les prairies quand il remarqua que la vache sans corde était toujours allongée près de son piquet. Il s'efforça de la persuader de rejoindre le troupeau, mais elle ne bougeait pas. Perplexe, il retourna prendre l'avis du moine. Celui-ci écouta le garçon et sourit : « Vois, mon enfant, elle se croit encore liée au poteau. Hier, tu as fait semblant de l'attacher. Ce matin tu les as toutes libérées, sauf celle là. Tu as pensé que c'était inutile, puisqu'elle n'avait pas de corde. Mais à cause de ton action d'hier soir, la vache se croit toujours attachée. Il faut retourner à l'étable et faire semblant de la libérer. » Le garçon suivit le conseil. La vache se leva aussitôt et courut rejoindre le troupeau.

Nous sommes dans une situation comparable. C'est nous qui créons nos chaînes, ce mur de séparation. Il a été édifié par l'ego, mais ce dernier est lui aussi irréel ; c'est une illusion sans existence propre. Le pouvoir qu'il tire de l'*atman* lui donne l'apparence de la réalité. Il est animé par l'*atman*. L'ego est comparable à de la matière morte, car sans le Soi, il est inerte. Cessez de lui accorder la moindre importance. Apprenez à l'ignorer. Il se retirera alors pour disparaître. C'est nous qui donnons à l'ego irréel sa réalité. Démasquez-le et il sera anéanti.

Comme la vache de l'histoire, notre ignorance nous fait croire que nous sommes attachés, alors qu'en réalité nous sommes complètement libres ; encore faut-il nous en convaincre. Lorsque notre ignorance concernant notre vraie nature, notre liberté, est détruite, nos liens tombent du même coup.

Amma connaît un homme qui est resté longtemps enchaîné. Il était complètement fou et a séjourné en hôpital psychiatrique. On l'a finalement ramené chez lui. Mais il a fallu l'enfermer dans une pièce, les mains liées derrière le dos. On les lui attachait ainsi parce qu'il devenait souvent violent et s'attaquait à autrui. Après plusieurs années de traitement, il a fini par se rétablir. Mais aujourd'hui encore, on peut observer qu'il garde toujours les mains derrière le dos, comme si elles étaient attachées. Quand Amma l'a rencontré, il lui a confié qu'après si longtemps, il avait encore la sensation d'avoir les mains liées dans le dos. Si quelqu'un lui offre une tasse de thé ou s'il s'apprête à manger, son mental trouve difficile d'utiliser ses mains. Il lui faut quelques secondes pour se rendre compte qu'il n'a plus les mains attachées. Les autres doivent parfois le lui rappeler. Il a les mains libres, mais il a besoin qu'on le lui dise. Il n'y a pas de lien réel ; ce n'est qu'une création mentale.

Il en va de même pour nous. Tant que nous avons le sentiment d'être dans les liens, nous avons besoin de l'aide d'un maître qui puisse nous montrer le chemin et nous dire : « Regarde, tu n'es pas prisonnier. Tu es l'*atman* tout-puissant, le Soi. Sors de l'illusion et élève-toi vers les cieux de la Conscience suprême. » Le maître fait semblant de délier la corde qui vous lie aux objets et aux plaisirs de ce monde. Une fois l'illusion évanouie, vous savez que vous avez toujours été dans cette Conscience, que vous n'en êtes jamais sorti.

Les instructions d'un *satguru* et sa présence sont la lumière qui vous guide sur le chemin. Sa présence vous aide à voir le mur de l'ego, votre création. En comprenant la nature illusoire de vos chaînes, vous vous en libérez sans difficulté. Elles sont créées par une mauvaise compréhension de votre relation avec les autres, avec le monde et avec ses objets. »

Unité et non pas relation

Question : « Amma, veux-tu dire que les relations font de nous des captifs ? »

Amma : « Oui, une relation crée une attache, lorsqu'on ne possède pas la compréhension et le discernement nécessaires. Mais la vérité, c'est qu'une relation ne peut exister qu'aussi longtemps que l'on perçoit deux êtres. Une fois qu'on a réalisé le Soi, plus question de relation car les deux disparaissent. Il n'y a plus alors que l'unité, et un détachement absolu.

Quand le sentiment de la dualité s'évanouit, toute relation disparaît. Deux individus, deux familles ou deux nations peuvent avoir une relation, mais quand tout est Un, ce n'est plus possible. Il n'y a plus alors que l'Un, une conscience qui englobe tout. Les relations vous lient, tandis qu'une parfaite conscience du Soi vous libère de toute attache. Dans une relation, vous êtes comme un oiseau en cage. La réalisation du Soi vous fait sortir de la cage de l'ego et vous libère.

Le corps et ses différentes parties, bien qu'en apparence différents, sont un, ils forment une unité. Les mains, les jambes, les yeux, le nez, les oreilles et tous les organes internes font partie du tout. C'est une unité, un corps, non une relation. Les branches, les feuilles, les fleurs et les fruits d'un arbre constituent de même les différentes parties d'un arbre. On ne peut considérer cela comme une relation.

Quand la prison de l'ego, notre création, est détruite, nous voyons que la nature dualiste du monde n'est qu'une apparence extérieure et qu'en essence, il n'existe que le Tout, l'Un.

Nous accordons beaucoup trop d'importance au monde extérieur, ignorant le monde intérieur. Cela ne fait qu'accroître la densité de notre ignorance. Si nous mettons trop l'accent sur notre relation avec le monde extérieur, en négligeant le monde intérieur, le fossé qui nous sépare de notre vrai Soi s'agrandit. »

Amma s'interrompit et demanda aux *brahmacharis* de chanter. Ils chantèrent *Sukhamennitirayunna* …

Sukhamennitirayunna

Toi qui cherches partout le bonheur,
Comment le trouveras-tu,
Sans renoncer à ta vanité ?
Tant que la Mère de l'univers,
Pleine de compassion,
Ne brille pas dans ton cœur,
Comment pourrais-tu être heureux ?

Le mental qui ne vibre pas de dévotion pour Shakti,
La puissance suprême,
Est comme une fleur sans parfum.

Il sera ballotté par le malheur,
Comme une feuille par les vagues
De l'océan tumultueux.

Ne te laisse pas attraper
Par les serres du vautour qu'est le destin.
Adore le Soi dans la solitude,
Renonçant au fruit de tes actions,
Adore la forme du Soi universel
Dans la fleur de ton cœur.

N'accusez pas les circonstances

Le chant terminé, Amma reprit son enseignement.

« La tendance naturelle des êtres humains est de blâmer la situation. Nous ne cessons de nous plaindre des circonstances, et de rejeter sur le monde la responsabilité de nos chagrins, de nos souffrances et de notre peur. Cette habitude de nous plaindre et de critiquer le monde extérieur est due à l'ignorance de notre véritable nature, le Soi (*atman*). L'*atman* est au-delà de toutes les limitations et rien de ce qui nous arrive ne l'affecte, que ce soit bon ou mauvais.

Un homme se promenait dans une plantation de manguiers. Une mangue pourrie tomba soudain et vint s'écraser sur son crâne chauve. Sa tête était couverte du jus de la mangue pourrie, qui lui coulait jusque sur les joues. L'homme, furieux, maudit la mangue et le manguier, ainsi que l'oiseau qui, en picorant, avait causé la chute du fruit. Il maudit par-dessus tout la loi de la gravité elle-même ! N'est-il pas stupide d'agir ainsi ? C'est ridicule, n'est-ce pas ? Vu d'un niveau supérieur de conscience, c'est exactement ce que nous faisons.

Si nous examinons l'exemple ci-dessus et réfléchissons, il est clair qu'on ne peut accuser la situation elle-même. Ne serait-il pas absurde de maudire la loi de la gravité ? Ou bien l'arbre ou l'oiseau ? Comment la loi de la gravité pourrait-elle changer ? Pourrie ou non, une mangue ne peut tomber en l'air. Elle tombe forcément par terre car c'est la loi de la nature. Quand une mangue est mûre, elle tombe d'elle-même, ou bien il arrive qu'un oiseau la fasse tomber d'un coup de bec. Nul ne songe à critiquer cela, s'il possède la moindre parcelle d'intelligence. Une telle vision des choses serait clairement une erronée. Une fois que nous percevons cela à un niveau plus profond et plus subtil, que nous apprenons à accepter les situations que la vie nous apporte au lieu de les combattre, nous découvrons que la vie est extrêmement belle.

Ne blâmez ni les circonstances ni autrui. Surmontez vos faiblesses. Vos échecs, vos sentiments blessés, vos peurs et vos ennuis proviennent tous de quelque faiblesse en vous, et cette faiblesse est appelée ignorance. Vous vous identifiez à vos pensées, qui se fondent sur une conception totalement erronée de la vie.

L'histoire suivante vous aidera à comprendre la nature illusoire du monde. Après avoir accompli le *rajasuya yagna* (le sacrifice royal védique), les Pandavas invitèrent leur cousin Duryodhana et ses frères à venir passer quelques jours à Indraprastha, leur résidence officielle. Ils acceptèrent l'invitation. Ils visitèrent un magnifique palais, conçu avec une grande ingéniosité. Le sol de l'une des salles était poli et transparent, si bien qu'il avait l'apparence d'un petit lac aux vaguelettes brillantes. Duryodhana et ses frères s'y trompèrent si bien qu'ils se déshabillèrent avec l'intention de traverser le lac à la nage. Voyant cela, Bhima et Draupadi rirent, car il n'y avait ni lac, ni eau.

Dans un autre palais, le sol leur parut normal et ils s'y aventurèrent sans hésiter. Mais il y avait en réalité un lac, bien qu'on ne le vît pas. Les frères s'avancèrent et y tombèrent la tête la première. Ils furent complètement trempés. L'artifice était si habile que Duryodhana et ses frères s'y laissèrent prendre.

Prenez cela comme une image du monde. Le Créateur a conçu et décoré le monde avec tant d'art que si nous ne faisons pas attention, nous sommes pris dans l'illusion. Il faut être vigilant à chaque pas.

Certaines situations ou expériences, certains lieux nous paraissent normaux, inoffensifs et merveilleux. Mais examinez les attentivement, soyez prudent, car ce que vous voyez en surface n'est peut-être qu'une apparence, dont la beauté et le charme sont superficiels. Derrière ce voile si magnifiquement orné, un grand danger vous guette peut-être. Une autre situation, une autre expérience ou un autre lieu vous paraîtront dangereux. Si vous y êtes confronté, vous vous en défendrez à cor et à cri et vous entourerez de précautions. Mais qui sait ? L'expérience peut s'avérer normale et même bénéfique. Cela arrive dans la vie. Nous nous laissons duper et prendre au piège plus de mille fois, sans toutefois apprendre notre leçon. Malgré d'innombrables tromperies, les gens continuent à courir après toutes sortes d'objets. Tel est le pouvoir extraordinaire de *maya*.

Le problème, ce n'est pas le monde. Le problème est en vous. Soyez donc vigilant et vous verrez les choses avec plus de clarté. La vigilance vous permet d'échapper à l'illusion en vous dotant d'une vision perçante, d'un mental pénétrant. Cela vous rapproche lentement de votre vraie nature, la béatitude de l'*atman*.

La félicité, non la souffrance, est notre vraie nature. Mais il est arrivé quelque chose et tout est sens dessus dessous. La joie est devenue un état étrange alors que la souffrance est considérée comme normale.

Un vieux musicien vient souvent à l'ashram, un homme très heureux, toujours en train de rire, de plaisanter et de parler librement avec les gens. Il est toujours joyeux. Le voyant si heureux, certains l'accusent d'être un peu dérangé. Amma le connaît bien. Il est tout à fait normal et possède un grand cœur. Mais sa joie semble étrange aux autres. Un être heureux éveille aussitôt les soupçons. On veut connaître l'origine de sa joie, comme si elle n'était pas naturelle. Les gens tristes, seuls, sont considérés comme normaux. C'est pourquoi Amma dit que tout a été mis sens dessus dessous. Quelle misère ! La joie et l'harmonie sont notre essence même mais nous croyons que le bonheur n'est pas naturel et que le seul état normal est la douleur et le chagrin. »

Le *darshan* approchait de sa fin. Les *brahmacharis* chantèrent un autre *bhajan*, *Asa nasikatora* …

Asa nasikatora

Ô mon mental,
Tu es le havre d'innombrables désirs,
Dont les vagues s'élèvent sans te laisser aucun repos.
Fais attention à ne pas te noyer
Dans le profond océan de la douleur.

Accomplis donc l'arati devant l'atman ;
Garde ton attention centrée sur le Soi.

Prends garde,
Si tu continues ainsi,
Tu finiras par t'effondrer,
Sans le moindre soutien
Et plein de regrets.

Si tu veux la béatitude éternelle,
Si tu désires la libération,
Alors médite,
Ô mon mental, médite sur ta source.
Médite sur l'océan intérieur de béatitude
Abandonne tes aspects démoniaques
Et suis les enseignements des textes sacrés.

Chapitre 10

Un contact qui guérit

Un homme, jeune, était assis devant le vieux temple, la tête entre les genoux. Amma vint à passer, et en le voyant, elle se dirigea vers lui. Perdu dans ses pensées, il n'avait pas remarqué sa présence. Amma lui tapota l'épaule avec affection en lui disant : « Fils ! » L'homme leva la tête et fut saisi de voir la sainte Mère devant lui. Dans son regard se lisait une profonde souffrance. Amma lui sourit, lui tapota gentiment la poitrine et dit : « La colère… La colère est un poison. Tu devrais la contrôler. » Ces paroles furent visiblement un choc pour lui. Il se couvrit le visage de ses mains et se mit à pleurer. Amma le regarda et laissa libre cours à son affection maternelle. Elle lui mit doucement la tête sur son épaule, et le caressa en disant : « Fils, ne t'inquiète pas ! Tout va s'arranger. Amma va s'occuper de tout. »

Cet homme avait très mauvais caractère et ce jour-là, il avait eu une grave querelle avec sa femme. Ses parents finirent par s'interposer. Ils défendirent sa femme, la sachant innocente victime de ses fréquentes attaques. L'intervention de ses parents ne fit qu'aggraver sa colère. Il se mit à crier contre eux jusqu'à leur manquer de respect. Il ne s'agissait pas d'un incident isolé. Ce genre de scène était assez fréquent dans la maison car il ne parvenait pas à dominer sa colère. Il regrettait ensuite toujours sa faute et faisait des excuses à sa femme et à ses parents. Mais il était régulièrement en proie à ces terribles emportements, et ne pouvait s'en défendre. Ce jour-là, ses voisins, qui étaient des dévots d'Amma, lui avaient conseillé d'aller la voir. C'est ainsi qu'il était venu. Il est aujourd'hui un autre homme. Lui dont la colère incontrôlable terrorisait sa famille, est maintenant un mari, un fils et un père plein d'amour et de sollicitude. La famille au complet vient au moins une fois par semaine recevoir la bénédiction d'Amma.

Il dit : « Lorsqu'Amma m'a touché la poitrine, j'ai eu le sentiment qu'on m'enlevait du cœur un grand poids. Ce contact a détruit en moi le poison de la colère. Auparavant, ma vie de famille était un cauchemar. Maintenant, par la grâce d'Amma, mon foyer est devenu une demeure de paix et de joie. Toute ma famille la révère. »

D'innombrables incidents de ce type se sont produits auprès d'Amma. Des millions de vies ont été transformées par sa grâce. Mais bien qu'elle transforme les vies et guérisse les cœurs, Amma demeure un exemple merveilleux d'humilité et de simplicité parfaites.

Comment vaincre la peur

Il était environ quatre heures de l'après-midi et tout le monde était assis devant le vieux temple. Un jeune avocat posa à Amma la question suivante : « Amma, la peur semble admise comme une part intégrante de l'existence humaine. Les gens tremblent pour tout : pour leur emploi, pour la sécurité de leur famille. Ils ont peur des autres et de la société. L'être humain a créé autour de lui un monde de peur. Comment cela s'est-il produit ? Quelle en est la cause et comment pouvons-nous vaincre ces peurs qui rongent la beauté de la vie à l'intérieur de nous ? »

Amma : « Nous en revenons à l'ignorance. L'ignorance où nous sommes de notre existence réelle, en Dieu, de l'*atman*, engendre toutes sortes de peurs. Un être humain devrait vivre sa vie extérieure — ce qu'il fait pour maintenir son existence corporelle — en accord avec sa vie intérieure. L'équilibre devrait être parfait. Si les hommes privilégient le corps comme ils le font de nos jours, et négligent l'âme, ils sont en proie à l'inquiétude et à l'anxiété et s'accrochent avec ferveur à de fausses sécurités.

Il était une fois un grand maître adoré par des centaines de milliers de gens dans le monde entier. Les gens s'émerveillaient de sa pureté, de son innocence et de la profondeur de sa sagesse. Il transforma bien des vies par la beauté de son enseignement et par l'amour et la compassion qu'il manifestait.

Disciples et dévots étaient curieux de connaître la source de son savoir et de sa pureté. Mais le maître se contentait de leur répondre : « Tout est contenu dans le livre dont vous hériterez quand je quitterai ce corps. »

Un jour, le maître quitta son corps. Quelques jours plus tard, les disciples se mirent en quête du livre dont il avait parlé et ils le trouvèrent. Mais il ne contenait qu'une page, sur laquelle on lisait une seule phrase : « Chers enfants, distinguez entre le récipient et son contenu, et la connaissance véritable se lèvera en vous, dispersant la peur et les ténèbres. »

Mes enfants, le secret, c'est de savoir que le corps est le récipient et que le contenu, l'âme, s'en distingue. Le lait diffère du pot qui le contient. Le pot n'est pas le lait et le lait n'est pas le pot. La connaissance du Soi élimine les peurs inutiles qui nous bloquent.

Nous voulons de la nourriture, des vêtements et un abri. C'est compréhensible, car ce sont les trois besoins essentiels de notre corps et nous désirons pourvoir à son confort. Mais qu'est-ce-que ce corps ? D'où vient-il ? Quelle est la puissance qui se manifeste à travers ce corps et fait que vous l'aimez tant ? Bien peu se posent ces questions et s'en soucient. Les gens croient que le corps est tout, qu'il n'y a rien au-delà de leur existence corporelle. Cette attitude les rend extrêmement attachés au corps et à sa sécurité.

Votre attachement au corps engendre toutes sortes de peurs. À mesure qu'il croît, l'ego aussi grandit, avec une augmentation simultanée de la peur. L'attachement au corps entraîne l'attachement à l'ego, par conviction que le corps est le bien le plus précieux que vous possédez. Vous désirez le protéger de tout ce qui pourrait lui faire du mal. Vous pensez que votre sécurité physique est la seule sécurité qui soit. Quel dommage ! Nous ne comprenons pas que l'existence du corps dépend de l'âme.

Il est nécessaire de bien comprendre la nature du corps et celle de l'âme. Le corps est soumis à des changements constants, tandis que l'âme est immuable. Sans le support immuable de l'âme, le corps changeant ne pourrait exister. Le corps se transforme et périt, tandis que l'âme, éternelle, ignore le changement. L'âme impérissable est la force de vie. Elle est la racine qui nourrit l'arbre du corps.

Notre problème, c'est que nous donnons trop d'importance au corps extérieur, manifesté, ignorant complètement le Soi non manifesté, la source de notre existence. Nous pouvons bien raisonner en disant : « Je ne vois que le corps et non l'âme, c'est pourquoi j'accorde tant d'importance au corps. Comment pourrais-je croire à une âme invisible ? » Mais cela revient à dire : « Je ne vois que l'arbre, comment pourrais-je croire à l'existence de la racine, invisible à l'œil nu ? » Quiconque possède un brin d'intelligence s'abstient d'une telle déclaration.

Imaginons que vous contemplez l'océan infini. Le spectacle vous enchante et vous songez : « Comme l'océan est merveilleux ! Quelle profondeur et quelles dimensions inconcevables. » Mais vous voyez que la surface — le monde sous-marin et le fond de l'océan demeurent invisibles. Ne serait-ce pas manquer de sagesse que de déclarer qu'ils n'existent pas, simplement parce que, de l'endroit où vous vous trouvez, ils ne sont pas visibles ? L'existence de la surface suffit à prouver celle du fond. Sans ce substrat qui le soutient, et qui existe même sans eau, il n'y aurait pas d'océan.

Pour voir et découvrir le monde sous-marin, le fond de la mer, il faut aller sous la surface et plonger profond. Ainsi, pour réaliser le Soi, il faut transcender le corps et aller au fond de son propre Soi.

De même que l'étonnement nous saisit lorsque nous contemplons ainsi les vastes dimensions de l'océan, si nous pouvions éprouver le même respect sacré et nous émerveiller en contemplant la nature et ses manifestations infinies, nous ne mettrions jamais en doute l'existence de la force intérieure de vie qui constitue le substrat unique du monde manifesté.

La peur de l'être humain vient de son ignorance : il ne connaît pas son âme, la force de vie et le substrat de l'univers. Il croit qu'il ne doit se préoccuper que de son existence physique, que la vie est limitée au corps et qu'il n'y a rien d'autre, telle est sa conception de l'existence ; en fait, sa vie entière est construite autour de ce malentendu. Une fois qu'il a concentré toute son attention sur le corps et sur l'ego, le pas suivant est la sécurité. Il construit autour de lui une forteresse de fausses sécurités. Il s'accroche à sa maison parce que c'est une forme de sécurité. Son emploi ou son affaire en est une autre, son statut social une troisième ; puis vient sa famille et ses innombrables possessions. Il imagine que la vie consiste à s'accrocher à ces sécurités extérieures, car sans elles et sans son corps ou son ego, il n'aurait pas d'existence. Pour lui la vie se résume à deux mots : « corps » et « attachements ». Ce n'est pas sa faute car selon lui, l'existence se limite à celle du corps, et son corps a besoin de toutes ces fausses sécurités. Pauvres humains, ils ont complètement oublié la vie intérieure !

La vraie vie se développe de l'intérieur. Vivre réellement, c'est laisser l'âme s'exprimer à travers nos pensées, nos paroles et nos actions. Une personne est libérée de la peur une fois qu'elle a compris la nature impérissable de l'âme.

Mais l'être humain, à ce stade, ne connaît que le corps périssable, ce qui accroît sa peur et le pousse d'autant plus vers la mort, qu'il redoute par-dessus tout.

La mort lui ôtera tout ce qu'il possède et proclame sien. La mort est pour un être humain la plus grande menace. Personne ne veut mourir. La seule mention de la mort provoque une peur immense. Mais la mort est une expérience comme une autre. »

Lorsqu'Amma parle, ses paroles semblent prendre leur envol, emportant l'auditeur vers les sommets. Ses mots et ses expressions ne paraissent jamais venir d'une personne, d'un individu. Leur écho semble jaillir d'une grotte profonde, d'une source ancienne et inconnue. Elles fonctionnent comme un véhicule qui nous emporte vers les profondeurs du monde spirituel.

Amma se mit à chanter *Marikkatta manushyarundo...*

Marikkatta manushyarundo

Quelqu'un échappe-t-il à la mort ?
Les désirs ont-ils une fin ?
Nous naissons sur cette Terre,
Où la douleur nous consume,
Puis nous mourons pour renaître à nouveau.

Même si le rire est le propre de l'homme,
Où est sa grandeur s'il redoute la mort ?
Quelle est la gloire de la naissance humaine
Si la crainte de la mort ne nous quitte pas ?

Tout arrive selon la destinée
Mais qui crée le destin ?
Ce monde ne peut jamais nous apporter le bonheur.
Lorsque nous aurons compris cette vérité,
Nous renoncerons à tout.

Chapitre 11

La Mère omnisciente

Il était près de minuit. Amma se promenait dans la cocoteraie. Elle s'arrêtait parfois en faisant face à l'est, comme si elle attendait quelqu'un. Gayatri et les « anciens » parmi les *brahmacharis* lui suggérèrent plusieurs fois d'aller dormir, mais elle refusa poliment et resta dans la cocoteraie. Quelques minutes après minuit, une nombreuse famille arriva à l'ashram. Ils furent éperdus de joie en voyant Amma. Elle les appela, puis, ayant exprimé son amour et son affection pour eux à sa façon maternelle, inimitable, elle leur parla. Les résidents de l'ashram comprirent alors pourquoi elle était restée là et avait refusé d'aller dans sa chambre.

Cette famille avait quitté Quilon vers huit heures du soir, espérant arriver vers neuf heures et voir Amma, mais leur voiture était tombée en panne en cours de route. Le temps de trouver un mécanicien et d'effectuer la réparation, il était très tard. Ils décidèrent de rentrer à Quilon et de rencontrer Amma un autre jour.

Mais leur fils âgé de cinq ans était très déçu et leur dit plusieurs fois qu'il voulait voir Amma cette nuit-là. Il insista tant que ses parents finirent par céder et poursuivirent leur route vers l'ashram. Ils voulaient seulement passer quelques minutes dans l'atmosphère de l'ashram, puis repartir pour Quilon. Jamais ils n'auraient envisagé une rencontre à une heure aussi tardive. Mais à leur grande surprise, en arrivant, ils virent Amma à l'entrée de l'ashram, comme si elle les attendait.

Cette famille avait de graves problèmes. Le simple fait de voir Amma fut un grand soulagement pour leurs cœurs douloureux.

Amma, incarnation de la compassion, s'entretint avec eux pendant plus de deux heures.

À quatre heures et demie du matin, Amma venait juste de prendre un bain et se promenait à nouveau dehors. Elle semblait fraîche et radieuse. Un des *brahmacharis* s'approcha d'elle et l'implora : « Amma, pourquoi ne vas-tu pas te reposer un peu ? Aujourd'hui, c'est *Devi Bhava*, tu n'auras donc pas de repos cette nuit non plus. »

« Fils, » lui répondit Amma, « il ne faut pas dormir pendant l'*archana*. Ce serait donner un mauvais exemple. Pendant que l'on chante les Noms sacrés, tout l'ashram devrait être éveillé et vibrer de l'énergie spirituelle ainsi créée. Il ne devrait y avoir aucune énergie tamasique à ce moment-là. »

Le *brahmachari* répondit : « Mais Amma, tu es au-delà de tout. Tu es Devi elle-même. Tu es complètement détachée et rien ne t'affecte. »

Amma répondit : « Fils, si Amma ne se lève pas à cette heure, vous ne le ferez pas non plus. Cela poserait des problèmes de discipline à l'ashram et chacun ferait ce qui lui plaît. Personne n'aura envie de suivre les règles si Amma ne pratique pas ce qu'elle enseigne. »

« Mais Amma, si ton corps n'a aucun repos, ta santé n'en souffrira-t-elle pas ? » demanda le *brahmachari*. « Tu sacrifies tout pour le bien des autres. Et nous, tes enfants, que pouvons-nous faire pour toi ? » Le *brahmachari* était au bord des larmes en prononçant ces paroles.

Amma lui tapota affectueusement le dos et dit : « Ne t'inquiète pas pour Amma. » Montrant du doigt son propre corps, elle dit : « Ceci prendra soin de lui-même. Amma n'est pas venue en ce monde pour protéger son corps. Amma ne s'inquiète pas de ce qui arrive au corps ; que les choses suivent leur cours. Amma désire tout sacrifier pour le progrès de ses enfants et pour le bien du monde. Suivez strictement vos pratiques quotidiennes et essayez de vous libérer de l'emprise de l'ego. Cela suffit. Fils, Amma décide de tout ce qui concerne ce corps et son existence dans le monde. Il y a une mission à accomplir. Ce corps ne partira que lorsqu'elle aura été remplie. »

Amma prononça les trois dernières phrases comme si elle parlait à partir d'un autre monde. Un moment, le *brahmachari* resta perdu dans la contemplation de ce phénomène indescriptible qu'est Amma. Puis il se rendit dans le hall de méditation, car l'*archana* du matin était sur le point de commencer.

Chapitre 12

La mort n'est qu'un changement

Amma était assise au bord de la lagune, qui scintillait au clair de lune. La lune et les étoiles semblaient des joyaux éparpillés sur le fond bleu-noir du ciel.

Un *brahmachari* demanda à Amma : « Amma, au moment de la mort, quelle est la cause de la souffrance et de la peur ? »

Amma : « C'est la pensée que la mort va détruire tout ce que vous possédez, tout ce à quoi vous êtes attaché et vous vous accrochez, qui est cause de la souffrance. Le fait de vous accrocher provoque la douleur. Si seulement vous parveniez à abandonner tout attachement, la souffrance se transformerait en expérience de béatitude. La mort vous enlève tout ce que vous proclamez vôtre. Tout ce qui vous est cher et qui vous enchante, votre famille, l'amour et le rire de vos proches, ce monde splendide avec tous ses trésors ; tout va se dissoudre et disparaître. Cette idée ébranle votre être entier. Vous voulez oublier la mort car vous craignez de sombrer dans l'oubli et de ne plus exister. Cela tue votre enthousiasme et vous abrutit de peur, si bien que vous ne voulez plus y songer. »

Question : « Amma, je t'ai entendue dire que la mort est une expérience comme une autre. Que veux-tu dire par là ? »

Amma : « La naissance et la mort sont deux expériences inévitables. En transcendant la mort, vous transcendez aussi la naissance. Un être qui perçoit la naissance et la mort comme parfaitement naturelles est en mesure de mener une vie heureuse, remplie de béatitude. Il considère la vie entière, avec toutes ses expériences, bonnes ou mauvaises, comme un jeu. Il ne se plaint jamais de rien et ne critique jamais personne ni aucune situation. Confrontées aux pires circonstances, de telles personnes gardent un sourire qui vient de l'intérieur. Les paroles et les actes d'autrui, si terribles soient-ils, ne peuvent les blesser ni les mettre en colère. Établis dans la détente et le calme, ils jouissent de la vie avec l'émerveillement et l'innocence d'un enfant.

Comme d'autres moments joyeux de la vie, la mort peut être elle aussi une expérience joyeuse. Les gens se réjouissent d'ordinaire à la naissance d'un enfant mais pleurent lorsque la mort survient. La naissance et la mort sont deux transitions normales. Mais pour le savoir, il faut transcender l'ego et réaliser le Soi.

À la naissance d'un enfant, une transition a lieu. Mais elle ne s'arrête pas là, l'enfant grandit, traverse différentes étapes de la vie. Le corps de l'enfant devient adolescent, adulte, puis vient l'âge mûr et enfin la vieillesse. Le processus de transformation se poursuit. La mort survient ; elle est une autre transformation. Cela est normal ; il n'y a là rien de révoltant. Apprenez à considérer la mort comme une transformation normale, comme les autres changements du corps. La naissance n'est pas le début de la vie et la mort n'en est pas la fin. Le début et la fin ne sont que relatifs.

Quand un enfant naît, nous croyons qu'il s'agit du commencement de la vie. Mais la vie en son essence n'est jamais première ni dernière, nouvelle ni ancienne. Elle est sans commencement ni fin. La vie est un autre nom de Dieu. Lorsqu'elle est conditionnée par le corps, elle est appelée *jivatman*, et lorsqu'elle est libre de tout conditionnement, elle est le *Paramatman*. La vie est donc un autre nom de l'*atman* ou *brahman*.

Une nouvelle naissance n'est pas le début de l'existence. Vous pourriez l'appeler un nouveau départ ou une autre chance de continuer le voyage vers la Source réelle de l'existence. La naissance est le retour du même contenu dans une enveloppe différente.

La mort n'est pas l'anéantissement total, c'est une pause. Cela revient à appuyer sur le bouton pause du magnétophone au milieu d'une chanson. Tôt ou tard, on appuie de nouveau sur le bouton et la chanson continue. La mort n'est qu'une période de préparation avant le début d'une autre vie. Vous défaites votre paquet pour lui donner un emballage neuf, dont le contenu sera le même. La naissance et la mort sont les deux événements majeurs de la vie, deux expériences fortes. Lorsque vous saisissez que la naissance et la mort ne sont ni le début ni la fin, la vie devient béatitude et beauté.

Les expériences se succèdent, mais le Sujet intérieur, le Soi, Dieu ou la Vie, reste immuable. Telle est la vérité qu'il s'agit de comprendre. Le Sujet, c'est-à-dire le substrat de toutes les expériences, y compris la naissance et la mort, est impérissable et immuable. Le Sujet vous fait traverser toutes ces expériences. Telle est la vérité que ni le temps ni l'espace ne peuvent modifier.

La naissance et la mort n'ont qu'une réalité relative. Du point de vue de l'ultime, elles n'ont pas de réalité. Comme toutes les expériences de la vie, ce sont deux événements qu'une personne doit obligatoirement traverser. Mais ce sont, et de loin, les deux expériences les plus fortes. À cause de leur intensité, la nature a inventé une méthode qui fait que les humains oublient ces deux moments essentiels de la vie. Ils sont si forts qu'il est difficile pour une personne ordinaire d'en être consciente. Au cours de ces deux moments de la vie, nous sommes entièrement impuissants. Dans le sein de la mère et au moment où il en sort, l'enfant est totalement impuissant. Un mourant se trouve dans le même cas. Ces deux expériences font reculer l'ego à l'arrière-plan, si bien qu'il n'a plus aucun pouvoir. Mes enfants, vous n'êtes pas conscients de ce qui vous arrive pendant ou après la mort. Pour vous ouvrir à cette expérience, il faut être sans crainte et pleinement conscient. Si vous avez peur, vous vous fermerez à l'expérience. Vivre consciemment la béatitude de la mort, exige d'avoir atteint une profondeur suffisante, d'avoir dépassé la peur, de vivre chaque instant en pleine conscience, un état d'éveil absolu.

Imaginez que vous ayez très mal au ventre. Vous avez conscience de la douleur. Le corps perçoit immédiatement si l'eau est chaude ou froide. Le chagrin que vous éprouvez à la mort de votre père ou la joie de la naissance d'un enfant sont ressentis directement par le mental, et votre intellect réagit aussitôt à la louange ou aux insultes. Au cours de la naissance et de la mort, il n'y a pas d'expérience directe du mental, c'est pourquoi elles ne sont pas considérées comme des expériences ordinaires.

Bien sûr, si vous êtes capable de rester conscient et vigilant au moment de la mort, elle devient une expérience ordinaire, comme les autres. La naissance et la mort ne constituent plus alors un problème pour vous et vous les traversez en souriant. La mort ne constitue plus une expérience étrange. Mais cela n'est possible que lorsque vous êtes uni à votre Soi réel.

Question : « Amma, quelle est la raison de l'absence d'expérience directe au cours de la naissance et de la mort ? »

Amma : « C'est le manque de conscience. Notre niveau de conscience est très bas. Bien que nous nous déplacions et respirions, nous menons une vie presque inconsciente. Cela est dû aux attachements qui nous lient au monde, manque de sagesse qui provient d'une compréhension erronée.

Une fois ces attachements rompus, la mort deviendra une expérience pleine de béatitude. Lorsque vous réalisez que vous n'êtes pas le corps mais la Conscience suprême, le centre de votre existence sera transféré au Soi. Vous vous réveillez et comprenez que vous étiez endormi, que ce monde de rêve et les expériences qui lui sont associées ne sont qu'un jeu. Vous riez en regardant ce drame exquis de la conscience. Vous riez devant la palette des couleurs, comme un enfant regarde les couleurs de l'arc-en-ciel, rit

153

et s'émerveille ; vous riez de joie et vous continuerez à rire, même devant la mort, car la mort n'est qu'un autre jeu de couleurs, une autre nuance dans l'arc-en-ciel de la vie.

Quand vous êtes parvenu à cet état, les expériences telles que la joie et le chagrin, les insultes et les louanges, la chaleur et le froid, la naissance et la mort, passent au travers de vous. Vous restez le Sujet au-delà de tout, le substrat de toute expérience, le témoin, comme un enfant spectateur d'un jeu.

Mes enfants, apprenez à accomplir chaque action consciemment. Pas une respiration ne devrait échapper à votre attention. Soyez conscient de chacun de vos mouvements. En cultivant cette habitude, vous deviendrez peu à peu pleinement conscient, même de la mort.

Pour atteindre l'état de complète union avec le Suprême, il faut se perdre soi-même. Mais il s'agit là précisément de notre plus grande peur : nous perdre nous-même. Car ce serait une forme de mort, et qui désire mourir ? Chacun veut vivre. Cependant, pour vivre pleinement, il faut apprendre à aimer la vie dans son essence même et abandonner tout le reste. Embrassez donc la vie, ouvrez-lui les bras et oubliez vos autres attachements. Lâchez tout ce à quoi vous vous accrochez, vos regrets, vos peurs et vos angoisses. Cela ne constitue pas une perte, c'est au contraire le gain le plus formidable qui existe. Cela vous apporte l'univers entier, et vous devenez Dieu. »

Chapitre 13

Amma éclaire un aveugle

Un jeune homme aveugle de naissance séjournait à l'ashram. Depuis son arrivée, les *brahmacharis* s'occupaient de lui, pourvoyant à tous ses besoins. Ils lui apportaient sa nourriture et l'aidaient même lorsqu'il devait aller aux toilettes.

Ce jour-là, les visiteurs furent plus nombreux que prévu à l'ashram, si bien que le riz et le curry préparés pour le déjeuner furent bientôt terminés, avant que tout le monde eût mangé. Il fallut donc refaire cuire du riz et des légumes. Pris par le travail, les *brahmacharis* oublièrent d'aller chercher le jeune aveugle pour le déjeuner. Dès qu'ils s'aperçurent de leur erreur, un des *brahmacharis* se précipita en direction de sa chambre pour aller le chercher. Mais il descendait déjà les marches avec l'aide d'un dévot. Le *brahmachari* s'excusa et expliqua ce qui s'était produit en ajoutant : « Ayez la bonté de me pardonner. J'étais si occupé à servir dans le réfectoire que j'ai oublié de venir vous chercher. »

Mais ces paroles n'apaisèrent pas l'aveugle, blessé et malheureux. « J'ai de l'argent sur moi, je peux toujours me procurer de la nourriture à l'extérieur de l'ashram en payant. » Sur ces mots, il remonta dans sa chambre avec l'aide du dévot.

Le *brahmachari* ne s'inquiéta pas de l'humeur du jeune homme, pensant que la faim l'avait fait réagir ainsi. Il revint bientôt avec des fruits qu'il plaça devant lui en disant : « Le déjeuner sera prêt dans quelques minutes. Je vais vous apporter à manger. En attendant, je vous en prie, mangez ces fruits. » Mais, toujours en colère, le jeune homme refusa carrément les fruits.

La nouvelle parvint aux oreilles d'Amma, qui arriva peu après. Jetant un regard sévère au *brahmachari*, elle dit :

« Où est donc ta *shraddha* ? Pourquoi ne lui as-tu pas apporté sa nourriture à l'heure ? Ignores-tu que ce fils est aveugle et ne peut descendre seul ? Si tu pensais que cela prendrait trop de temps d'aller le chercher, il fallait lui apporter un repas dans sa chambre. Si tu n'éprouves pas de compassion envers des êtres comme ce fils, qui ont besoin d'aide, à quoi servent tes pratiques spirituelles ?

Mes enfants, ne perdez jamais une occasion de servir autrui. Pour recevoir votre aide, nul ne devrait avoir à attendre patiemment le moment qui vous convient. Dans les bureaux, dans tous les lieux de travail, les gens respectent l'emploi du temps. Ils sont payés, c'est la raison pour laquelle ils travaillent. Mais la vie entière d'un *sadhak* (chercheur spirituel) est vouée au service des autres. Il ne reçoit pas de salaire mensuel, mais obtient la pureté intérieure et la grâce de Dieu. Parce que la rémunération n'est pas immédiate, ne considérez pas que votre travail est moins important ou qu'il peut être reporté à plus tard. Utilisez au maximum la moindre occasion de servir autrui et faites le travail avec beaucoup d'amour et de diligence. Il deviendra alors vraiment adoration. Servir réellement consiste à aider les malheureux et à faire l'effort de comprendre leurs besoins et leurs sentiments. »

Amma caressa le dos du jeune aveugle et lui demanda : « Fils, étais-tu triste ? Les *brahmacharis* étaient très occupés au réfectoire, c'est pourquoi ils n'ont pas pu venir te chercher à l'heure. En outre, le *brahmachari* qui te sert d'habitude est absent aujourd'hui. Il a confié cette tâche à un autre *brahmachari*, dont le travail est de servir au réfectoire. Ne crois pas qu'ils l'ont fait exprès. Fils, tu devrais apprendre à être un peu plus souple et à t'adapter aux circonstances où que tu sois. La patience est nécessaire dans un *ashram*. Tant que tu es ici, tu devrais être prêt à faire de temps en temps un petit sacrifice. Tu recevras ainsi la grâce de Dieu.

Fils, ta cécité n'est pas vraiment un problème. Rappelle-toi que tu es plus près de Dieu, de ton vrai Soi, que la plupart des voyants. Il est vrai que tu ne peux pas voir le monde, mais tu peux sentir la présence de Dieu mieux qu'une personne dotée de la vision extérieure, si tu possèdes une juste compréhension et *shraddha*. Le voyant s'éloigne de Dieu, de sa véritable nature, l'*atman*, car il voyage trop dans le monde des objets. Ne crois donc pas que tu es malchanceux. Apprends à t'adapter à la vie. Sois plus tolérant et plus patient, cela t'aidera à ressentir la présence de Dieu, à l'intérieur comme à l'extérieur. Fils, des millions de gens sont plongés dans le chagrin et le désespoir, bien qu'ils aient des yeux pour voir le monde, mais il existe aussi des êtres heureux et contents en dépit de leur cécité. Surdas, le grand dévot de Sri Krishna, était aveugle ; il menait cependant une vie heureuse car il était assez sage pour comprendre le principe essentiel de la vie. Grâce à son amour et à sa dévotion pour le Seigneur, il développa sa vision intérieure et connut la parfaite béatitude, même sans vision extérieure. »

Le jeune homme versait des larmes en écoutant ces paroles. Il sanglotait comme un petit enfant. Les *brahmacharis* et quelques-uns des dévots présents ne purent pas retenir leurs larmes. Telle était la puissance de l'amour qui passait à travers les paroles d'Amma. Tout en caressant avec affection le dos du jeune homme et en essuyant ses larmes, Amma demanda : « Fils, as-tu mangé ? » Il fit non de la tête et dit d'une voix tremblante : « Mais je suis comblé par ta présence et tes paroles. Je n'ai plus faim du tout. Tes paroles d'ambroisie ont rempli mon cœur de joie. »

Amma demanda au *brahmachari* de lui apporter son repas. Quand il revint avec une assiette de riz et de curry, Amma fit venir l'aveugle à côté d'elle et le nourrit de ses propres mains. Amma lui mettait des boulettes de riz dans la bouche, comme une mère nourrirait son enfant, attendant patiemment qu'il ait fini d'avaler la nourriture. Elle lui fit ainsi manger toute l'assiette. Les témoins de la scène furent profondément émus en voyant le pur amour divin que manifestait Amma. Doucement, tous se mirent à chanter *Kannilengilum*.

Kannilengilum

Aujourd'hui j'ai vu mon Krishna adoré,
Le Bien-aimé de Radha,
Non pas avec mes yeux, mais avec l'œil intérieur.

J'ai vu le voleur du mental,
La beauté incarnée, le musicien divin,
J'ai vu le Seigneur de l'unité.

Avait-Il la couleur bleue de l'océan ?
Ses cheveux bouclés étaient-ils ornés d'une plume de paon ?

Je ne puis le dire, mais ce que je sais,
C'est que grâce au son de la flûte,
J'ai vu Sa forme miséricordieuse.

Glossaire

Adharma : L'action injuste, le péché, opposé à la notion d'harmonie divine.

Agamas : Les Écritures.

Arati : À la fin de la *puja* (adoration) rituel qui consiste à décrire des cercles avec un plateau contenant du camphre enflammé, qui ne laisse aucun résidu et symbolise donc la destruction totale de l'ego. Ce rituel symbolise la montée de la kundalini.

Archana : Une façon d'adorer la divinité en déclamant ses cent, trois cents ou mille noms.

Arjouna : Le troisième des cinq frères Pandavas, un grand archer et l'un des héros de l'épopée du Mahabharata. Il était l'ami et le disciple de Krishna. C'est avec Arjouna que dialogue Krishna dans la Bhagavad Gita.

Ashram : Ermitage ou résidence d'un sage.

Atma(n) : Le Soi. Une des affirmations fondamentales du *Sanatana dharma* (hindouisme) est que nous ne sommes pas le corps physique, les sentiments, le mental, l'intellect ou la personnalité. Nous sommes le Soi éternel, pur, que rien ne peut souiller.

Aum : Syllabe sacrée. Le son primordial ou la vibration qui représente Brahman et l'ensemble de la création. Aum est le mantra primordial et on le retrouve souvent au début d'autres mantras.

Avadhut(a) : Une Âme réalisée qui a transcendé toutes les conventions sociales.

Bhagavad Gita : L'enseignement de Sri Krishna à Arjouna au début de la guerre du Mahabarata. Il s'agit d'un guide pratique destiné au commun des hommes pour les aider dans la vie quotidienne. Il contient l'essence de la sagesse védique. *Bhagavad* signifie « du Seigneur » et *Gita* « chant » plus spécialement instructions.

Bhagavata(m) : Le livre qui raconte les incarnations du Dieu Vishnou, surtout les histoires de Krishna et des tours espiègles qu'Il jouait dans Son enfance. Ce livre prône la suprématie de la voie de la dévotion. Ce livre fait partie des *Puranas*.

Bhagavati : La déesse aux six vertus, c'est à dire prospérité, vaillance, une nature propice, connaissance, détachement et autorité.

Bhajan : Chant dévotionnel ou hymne.

Bhakti : Dévotion

Bhava : Attitude, état intérieur, humeur.

Bhava Darshan : Darshan au cours duquel Amma reçoit les dévots dans l'état exalté de la Mère Universelle.

Bhava samadhi : Absorption complète du mental en Dieu grâce à la dévotion.

Brahma : L'aspect de Dieu associé à la création de l'univers.

Brahman : L'Absolu, le Tout ; l'Être suprême au-delà de tout nom et de toute forme, qui englobe tout et imprègne tout, qui est Un et indivisible.

Brahmachari(ni) : Un étudiant célibataire, élève d'un *Guru*, qui pratique des disciplines spirituelles.

Brahmacharya : La chasteté. (La définition d'Amma est plus vaste: il s'agit de renoncer à toute pensée, toute parole et tout désir qui ne nous mène pas à Dieu.)

Darshan: Entrevue avec un Être Saint ou une divinité ou bien sa vision.

Deva(ta): Demi-dieu, être céleste.

Devi: La Déesse.

Devi Bhava: État Divin, identité avec la Déesse.

Devi Mahatmyam: Un hymne sacré et très ancien à la louange de la Déesse.

Dharma: « Ce qui soutient l'univers ». Le mot *dharma* possède de nombreux sens, entre autres les suivants : la Loi divine, la

loi de l'existence, en accord avec l'harmonie divine, la droi-
ture, la religion, le devoir, la responsabilité, la vertu, la justice,
la bonté et la vérité. *Dharma* désigne aussi les principes qui
constituent le cœur de la religion. Le *dharma* de l'être humain
est de réaliser sa nature divine innée.

Duryodhana : Fils aîné du roi aveugle Dhritharasthra ; il est le
méchant de la guerre du Mahabharata, le chef des Kauravas.

Gita : Chant, voir Bhagavad Gita.

Gopa : Pâtre, compagnon de Sri Krishna.

Gopi : Vachères, connues pour leur dévotion inégalée à Sri
Krishna.

Guru : Maître, guide spirituel. (En sanscrit cela signifie: celui qui
dissipe les ténèbres.)

Gurukula : L'ashram d'un guru, comprenant une école où les
élèves, par l'étude et le service, acquièrent les connaissances
fondamentales dans les domaines spirituels et profanes.

Japa : La répétition d'une formule mystique (*mantra*).

Jivatman : l'âme individuelle.

Jnana : Sagesse spirituelle ou divine.

Kali : Un aspect de la Mère divine. Du point de vue de l'ego, elle
peut paraître effrayante car elle détruit l'ego. Mais si elle détruit
l'ego et nous transforme, c'est uniquement par compassion, une
compassion incommensurable. Un dévot sait que derrière cette
apparence cruelle, c'est la Mère aimante qu'il trouve, protégeant
Ses enfants et leur accordant la grâce de la libération.

Kamsa : Oncle démoniaque de Krishna, que Celui-ci tua.

Kanji : Gruau de riz.

Kanna : « Celui qui a de beaux yeux. » Petit nom du bébé Krishna.
Krishna est parfois adoré sous la forme de l'enfant divin.

Karma : Action.

Kauravas : Les cent enfants de Dhritarashtra, les ennemis des
Pandavas, qu'ils affrontèrent lors de la guerre du Mahabharata.

Kesava : « Celui qui a de beaux et longs cheveux. » Un des noms de Krishna.

Kirtan : Hymne.

Krishna : L'incarnation la plus célèbre du Dieu Vishnou. Né dans une famille royale, il grandit chez des parents nourriciers et vécut comme un jeune pâtre à Vrindavan, où il fut aimé et adoré par les compagnons de Son enfance, les gopis et les gopas. Il était le cousin et le conseiller des Pandavas, spécialement d'Arjouna, auquel Il révéla les enseignements de la Bhagava Gita.

Lakshman : Frère de Sri Rama.

Lakshmi : Épouse de Vishnou, Déesse de la prospérité.

Lakshya Bodha : Le souvenir constant du but à atteindre, la détermination d'y parvenir.

Lalita Sahasranama : Les mille noms de la Mère Universelle sous la forme de *Lalitambika*.

Lila : «Jeu». Les mouvements et les activités du Divin, qui sont par nature libres, et ne sont soumis à aucune loi.

Madhava : « Celui qui est doux comme le miel». Un des noms de Krishna.

Mahabharata : Grande épopée de l'Inde ancienne écrite par le sage Vyasa, qui décrit l'affrontement entre les Kauravas et les Pandavas, tous cousins de Sri Krishna. La lutte culmina en une guerre catastrophique.

Mahatma : Littéralement: Grande Âme ; sage.

Mantra : Formule sacrée ou prière que l'on répète sans cesse. Cette répétition éveille l'énergie spirituelle latente en nous, purifie le mental et nous aide à atteindre le but. Le mantra est plus efficace s'il est donné par un Maître au cours d'une initiation.

Maya : « Illusion». Le «voile» divin sous lequel Dieu, dans le jeu de Sa création, Se cache et donne l'impression de la multiplicité, créant ainsi l'illusion de la séparation. Maya recouvre la réalité et nous trompe, en nous faisant croire que la perfection et le contentement se trouvent à l'extérieur de nous.

Moksha : La libération. Le fait d'échapper au cycle de la naissance et de la mort.

Mol(e) : Fille. *Mole* est la forme vocative. (malayalam)

Mon(e) : Fils. *Mone* est la forme vocative. (malayalam)

Mudra : Un signe de la main indiquant des vérités spirituelles mystiques.

Mukta : Le Libéré.

Mukti : La Libération.

Namah Shivaya : Mantra de cinq lettres qui signifie "Salutations à Celui qui est propice (Shiva)".

Narayaniyam : L'histoire de la vie de Sri Krishna, écrite par le grand dévot Narayana Battatiri, un habitant du Kérala.

Om : Syllabe mystique qui symbolise la Réalité Suprême.

Pada puja : Adoration des pieds de Dieu, du *guru*, ou d'un saint. Le corps entier repose sur les pieds. Le principe du *guru* est de même le support de la vérité suprême. Les pieds du *guru* représentent donc la vérité suprême.

Pandavas : Les cinq enfants du roi Pandou, les héros de l'épopée du Mahabharata.

Paramatman : L'Âme suprême ou Dieu.

Prarabdha : Responsabilités ou fardeau. Également les fruits des actions passées qui se manifestent à travers le destin qui est le nôtre dans cette vie.

Prasad(am) : Offrandes consacrées distribuées après la *puja*.

Prema : Amour Suprême.

Puja : Adoration.

Purnam : Complet ou parfait.

Putana : Démon féminin qui tenta de tuer l'enfant Krishna en le nourrissant de son lait empoisonné. Mais c'est elle qui en mourut, car l'enfant suça sa force vitale.

Rajasuya yagna : Un sacrifice védique accompli par les rois.

Rama : Le héros de l'épopée du Ramayana, œuvre du sage Valmiki. Incarnation de Vishnou et idéal de la justice.

Ravana : Le méchant du Ramayana, qui enleva l'Épouse Divine de Rama, Sita.

Rishi (de la racine *rsi* = savoir) : Êtres réalisés, voyants. Se réfère d'ordinaire aux septs sages de l'Inde ancienne, âmes réalisées capables de «voir» la vérité suprême et de l'exprimer en composant les Védas.

Sadhak: Celui qui a voué sa vie à la spiritualité et s'efforce d'atteindre le but par une discipline spirituelle (*sadhana*).

Sadhana: Pratiques spirituelles.

Sahasranama : Hymne comprenant les mille Noms de Dieu.

Samadhi (de *sam* = avec ; *adhi* = le Seigneur. Union avec Dieu) : État de concentration profonde sur un seul objet, dans lequel toute pensée s'évanouit ; le mental entre dans un état de tranquillité parfaite, où il ne reste que la pure Conscience, tandis que l'on repose dans le Soi (*atman*).

Samsara : Le monde de la pluralité, le cycle des morts et des renaissances.

Samskaras : Tendances mentales accumulées par des actions passées.

Sankalpa : Résolution créatrice qui se manifeste en tant que pensée, sentiment et action. Le *sankalpa* d'une personne ordinaire ne porte pas toujours de fruits, mais l'effet du *sankalpa* d'un sage est infaillible.

Sannyasi(n) : Ascète qui a renoncé à tout lien avec le monde. Un sannyasi porte un vêtement de couleur ocre qui symbolise le fait d'avoir brûlé tout attachement.

Satguru : Maître spirituel réalisé.

Satsang: Compagnie des sages et des êtres vertueux. Également discours spirituel prononcé par un sage ou un érudit.

Shakti : L'aspect dynamique de Brahman sous la forme de la Mère Universelle.

Shanti : Paix

Shiva : « Le favorable ; le gracieux ; le bon.» L'aspect statique de Brahman, le principe mâle. Shiva est aussi l'aspect de la Trinité associé à la destruction de l'univers, à la destruction de ce qui est irréel.

Shraddha : Foi. Amma utilise ce terme en mettant l'accent sur la vigilance, associée au soin plein d'amour apporté au travail en cours.

Sishya : Disciple.

Sita : Épouse de Rama. Elle est en Inde considérée comme l'idéal de la femme.

Sloka : Verset en sanscrit.

Sri : Marque de respect.

Srimad Bhagavatam : Voir *Bhagavatam*. *Srimad* signifie 'propice'.

Sutra : Aphorisme.

Tablas : Une sorte de tambour indien.

Tapas : Littéralement 'chaleur'. La pratique d'une ascèse spirituelle. Discipline de soi, pénitence et sacrifice de soi ; pratiques spirituelles qui brûlent les impuretés du mental.

Tapasvi : Celui qui est engagé dans une ascèse spirituelle.

Tattva : Principe.

Uddhava Gita : dialogue entre Sri Krishna et Son grand dévot, Ouddhava. Ce dialogue est contenu dan sla Bhagavad Gita.

Upanishads : La dernière partie des Vedas, qui expose la philosophie de la non-dualité.

Vasanas (De la racine *vas* = vivant, restant) : Les vasanas sont les tendances latentes ou les désirs subtils du mental qui tendent à se manifester sous la forme d'actions ou d'habitudes. Les vasanas résultent d'expériences passées dont les impressions (*samskaras*) existent dans le subconscient.

Védas : Littéralement « Connaissance, sagesse ». Les Écritures révérées par les Hindous. Un recueil de textes sacrés divisés en quatre parties : *Rig*, *yajur*, *sama* et *atharva*. L'ensemble des Védas comporte 100 000 vers et de la prose. Les parties les plus anciennes ont été composées vers 6 000 a. C. et furent écrites en sanscrit entre 2 000 et 500 a.c. Elles font parties des écrits les plus anciens qui existent. Les Védas sont considérés comme la révélation directe de la vérité suprême, accordée par Dieu aux *rishis*.

Veda Vyasa : Voir *Vyasa*. Comme il divisa le livre des Vedas en quatre parties, il est aussi connu sous le nom de Veda Vyasa.

Védanta (la fin des Védas) : La philosophie des Upanishads qui déclare que la Vérité Ultime est « Une et indivisible ».

Védantin : Adepte de la philosophie du Védanta.

Vishnu (Celui qui imprègne tout) : Un des noms de Dieu. Il descend sur terre en tant qu'incarnation divine lorsque le monde a un besoin urgent de Sa grâce. Il est d'ordinaire adoré sous la forme de Ses deux incarnations, Krishna et Rama. Vishnou représente aussi l'aspect de la Trinité associé à la préservation de l'univers.

Vishvarupa : La forme universelle de Dieu.

Vishvarupa : Seigneur de l'univers.

Viveka : Le discernement.

Vyasa : Un sage qui divisa le livre des Védas en quatre parties et composa 18 Pouranas ainsi que le Mahabharata et le Bhagavatam.

www.ingramcontent.com/pod-product-compliance
Lightning Source LLC
Chambersburg PA
CBHW061824040426
42447CB00012B/2806